# CONCLUSION

## SUR LES LOIS

# DES DOUZE TABLES.

Les formalités prescrites ayant été remplies, je poursuivrai les contrefacteurs suivant toute la rigueur des lois.

Delestre-Boulage

DE L'IMPRIMERIE DE PILLET AÎNÉ.

# CONCLUSION

## SUR LES LOIS

# DES DOUZE TABLES,

CONTENANT

1°. Un examen de quelques points généraux ;

2°. Tous les fragmens qui nous ont été conservés, et tels que les savans en ont proposé les textes, avec la preuve de chacun d'eux, et des explications sur les Lois qui en sont susceptibles ;

## PAR T. P. BOULAGE,

AVOCAT A LA COUR ROYALE,

ET PROFESSEUR A LA FACULTÉ DE DROIT DE PARIS.

### SECONDE ÉDITION,

REVUE ET CORRIGÉE SUR LES MANUSCRITS DE L'AUTEUR.

*Movemur nescio quo pacto ipsis locis in quibus eorum quos diligimus aut admiramur adsunt vestigia.* ( Cic., *De Legib.* )

## PARIS,

DELESTRE-BOULAGE, LIBRAIRE DE L'ÉCOLE DE DROIT,

rue des Mathurins Saint-Jacques, n° 1,

ET AU DÉPÔT, RUE DES GRÉS.

—

M. DCCC. XXII.

[illegible]

[illegible]

[illegible]

[illegible]

# AVERTISSEMENT DE L'AUTEUR.

—

CET ouvrage était achevé. J'attendais,
pour le revoir et y mettre la dernière
main, le loisir des vacances, lorsque,
dans cet intervalle, j'appris, par la voie
des journaux, qu'il paraissait une seconde
édition d'un *Commentaire sur la Loi
des Douze Tables*, par M. Bouchaud.
La première ne m'était point connue. Je
me procurai cet ouvrage, j'en parcourus
les pages avec empressement, et je re-
connus que nous n'avions pas eu le même
objet, et que nous n'avions pas suivi la
même route.

M. Bouchaud a consigné, dans deux
volumes in-4° de plus de 600 pages cha-

cun, tout ce que, pendant deux siècles, les jurisconsultes et les savans ont écrit sur les Douze Tables. Il a rapporté tout es les controverses et toutes les disputes qui se sont élevées pendant que l'on tentait de relever cet antique édifice. Il a même, à l'exemple de ceux qui l'ont précédé, conservé l'échafaudage qui a servi à la construction, mais qui devient inutile aujourd'hui, et qui empêche d'en considérer l'ensemble et de la voir dans toutes ses proportions.

J'ai cru, au contraire, qu'il était tems de dégager l'édifice de tous ces accessoires, et de lui rendre la noble sévérité de son ordonnance. J'ai pensé qu'après une dissidence et des débats qui durent depuis si long-tems, il fallait enfin prendre un parti, tirer les conséquences et *conclure*; telle est la raison du titre que j'ai adopté, et qui m'a fait borner ce travail à tout ce qu'il y a de certain et d'utile à connaître sur les Douze Tables.

Nous différons donc essentiellement, M. Bouchaud et moi, tant par le plan que nous avons suivi, que par l'objet principal que nous nous sommes proposé. Je ne dois point étendre la comparaison plus avant; on verra, au surplus, en lisant cet ouvrage, sous quels autres rapports il diffère de celui de M. Bouchaud.

Je dois prévenir que je n'ai point partagé le sentiment de cet auteur sur l'interprétation de certaines lois. Mon opinion était formée et mes preuves établies avant que son livre me fût connu. J'ai fait depuis de nouvelles recherches, j'ai discuté de nouveau, et je me suis d'autant plus affermi dans le parti que j'avais adopté; mais j'ai dû retoucher

mon ouvrage, afin de justifier mon interprétation, lorsqu'elle ne se trouvait pas
d'accord avec la sienne. On reconnaîtra,
par les ménagemens que j'ai apportés dans
mes additions, que je sais respecter sa mémoire.

Cependant il est une faute grave que
M. Bouchaud a commise, et je ne puis la
passer sous silence. Il a trop souvent
copié, sans discernement et sans choix,
le seul écrivain français qui avait, avant
lui, commenté les lois des Douze Tables.
Il aurait dû s'occuper de le réfuter, et de
redresser ses erreurs, et on les retrouve en
grande partie reproduites sous sa plume.
Il a même imité dans les textes la bizarrerie de son orthographe, ce qui en rend
la lecture rebutante, et pour les jeunes
gens, et en général pour tous ceux qui
s'inquiètent peu de savoir comment

on écrivait dans les premiers siècles de Rome. C'est ce même auteur que, dans mon ouvrage, j'attaque de front et sans ménagement, parce qu'il a usurpé une estime qui tourne au préjudice de la science. Je veux parler de Terrasson, qui a publié une *Histoire de la Jurisprudence romaine*, ouvrage de sa très-grande jeunesse, et qu'il n'aurait pas dû mettre au jour dans un âge plus avancé. Il y traite des Douze Tables avec l'étendue dont ce sujet est susceptible ; mais il les interprète presque toujours à contre-sens ; et ce qu'il y a de plus étrange, c'est qu'il invoque souvent, à l'appui de son opinion, l'autorité de Jacques Godefroi, qui précisément a décidé le contraire.

J'avoue que je me suis toujours étonné de la réputation que s'est acquise cet écrivain, qui ne peut qu'égarer ceux qui le choisissent pour guide, et qui, bien fréquemment, se trouve en contradiction avec lui-même. Les jeunes avocats n'en consultaient point d'autre pour connaître les antiquités du droit romain. Les auteurs du *Dictionnaire historique* citent son ouvrage avec éloge, et les rédacteurs de l'*Encyclopédie* y renvoient souvent leurs lecteurs. J'ai cherché la cause de cette estime peu réfléchie, et je crois l'avoir trouvée. Pour se passer de lui, il faudrait lire laborieusement des volumes nombreux écrits en latin, et très-rares aujourd'hui. Terrasson, qui a écrit en français, ne laisse pas que de développer un certain appareil de savoir. On aura été séduit par l'apparence et entraîné par l'appât de la facilité, et l'on aura mieux aimé l'en croire sur parole, que de perdre un tems considérable à vérifier son exactitude.

On verra donc, dans cet ouvrage, Terrasson souvent cité et souvent combattu. Ce sont ses erreurs mêmes qui ont déterminé mon travail et mes recherches ; c'est son ouvrage que je refais. J'exécute ce qu'il a entrepris, et j'oserai dire, comme cet architecte athénien : « Ce que » mon confrère vient de promettre, je » l'accomplirai. »

Toutefois, je ne puis me dissimuler que j'ai besoin de beaucoup d'indulgence. Si je crois avoir rempli mon objet et pour l'exactitude des recherches, et pour la certitude des preuves, je ne puis me dissimuler la faiblesse, les négligences et même les incorrections du style. Ce genre d'ouvrage était sans doute susceptible de quelques-uns de ces agrémens que les hommes exigent toujours, même de ceux qui ne veulent que leur être utiles. Je les ai exclus pour ne m'occuper que de mon objet; mais j'ai peut-être le droit d'attendre du lecteur, jaloux de s'instruire, qu'il mettra à lire cet écrit une partie du courage qu'il m'a fallu pour l'entreprendre.

# CONCLUSION

## SUR LES LOIS

# DES DOUZE TABLES.

## PREMIÈRE PARTIE.

### EXAMEN DE QUELQUES POINTS GÉNÉRAUX.

L'HOMME de lettres ou l'artiste, qui parcourt dans notre musée la galerie des antiques, est saisi d'admiration et de respect à la vue de ces marbres devant lesquels se prosternait jadis un peuple religieux et amateur des arts ; mais il ne peut se défendre d'un sentiment pénible et douloureux en voyant tous ces dieux de la Grèce aujourd'hui mutilés , et ces fragmens qui ornaient autrefois le Parthénon, ces reliefs exécutés sous l'œil même de Phidias , qui nous représentent les jeunes filles d'Athènes recevant les vases consacrés qu'elles doivent porter dans la solennité des Panathénées, et qui

I

nous rappellent un culte, un peuple et des arts qui n'existent plus.

Alors l'observateur se transporte en imagination sur cette terre où s'élevaient tant de villes florissantes ; mais, se rappelant le récit des voyageurs, il n'y voit plus que des ruines et des débris qui lui révèlent les anciens monumens dont s'enorgueillissait une nation savante et polie. Il retrouve à peine quelques colonnes du temple de Thésée, qui institua le gouvernement d'Athènes, et de faibles vestiges du temple de Delphes, où se rendaient tant d'oracles.

Les mêmes sensations et les mêmes regrets sont éprouvés par celui qui médite sur les antiquités du droit des Romains, de ce peuple roi qui nous sert encore aujourd'hui de modèle et pour la guerre, et pour les institutions politiques, et surtout pour la jurisprudence. Les annales de cette ancienne législation, de cette belle philosophie pratique, ne nous offrent plus que des débris ; mais ils réveillent de grands souvenirs, et ils excitent notre admiration par ce qui nous reste, comme nos regrets pour ce qui nous manque. Toutefois, rapprochant les ruines éparses de ce grand édifice, nous tâchons, du moins par la pensée, de le rétablir dans ses anciennes proportions, et de lui rendre sa première forme et sa première grandeur.

« Je me trouve fort dans mes maximes lors- » que j'ai pour moi les Romains, » a dit l'illustre auteur de l'*Esprit des lois*, en prenant pour exemple, et citant comme autorité, les lois portées du tems de la république. Un tel témoignage doit suffire pour justifier notre estime.

J'ai lu quelque part que les *Institutes* de Justinien étaient le vestibule du temple des lois. En suivant cette comparaison, ne pourrait-on pas considérer le droit ancien des Romains comme une antique et riche avenue qui conduit à ce temple? Nonobstant le ravage des siècles, les monumens que nous y découvrons commandent par avance notre respect, et semblent en quelque sorte nous familiariser avec les beautés que nous allons admirer. C'est au milieu de cette avenue que s'élève l'édifice des Douze Tables, le plus imposant de tous, et le plus utile à connaître aujourd'hui.

Les lois de Justinien servent de première base à la jurisprudence de toute l'Europe, et les lois des décemvirs ont eu les mêmes rapports avec celles de Justinien, dont l'étude, autrefois nécessaire pour quelques provinces, devient indispensable aujourd'hui pour toute la France. Je vois même les plus importantes dispositions de ce droit décemviral venir jusqu'à nous par une observation non interrompue. J'en vois d'autres, négligées depuis long-tems, s'y joindre, et s'introduire avec elles dans notre nouveau code. Telles sont, en général, les premières règles sur les successions, sur les testamens, sur les tutelles, sur certains contrats, sur la possession et ses effets, et, en particulier, le respect dû aux transactions, l'interdiction des prodigues et des furieux, l'époque de la naissance des posthumes pour en reconnaître la légitimité (1), et beaucoup d'autres, dont une seule lecture fera faire le rapprochement à tout lecteur un peu attentif.

Ce n'est donc point à une vaine curiosité que nous cédons toutes les fois que nous recherchons les fragmens des Douze Tables qui ont pu échapper aux siècles de barbarie par lesquels nous sommes séparés des Romains, puisque cet ancien code est en quelque sorte

----

(1) En 1792, dans une cause célèbre où plaidaient MM. Bellart et Bonnet, cette question fut agitée, et l'on ne put citer d'autre loi que celle des Douze Tables.

le berceau de notre propre législation , et qu'il
contient des principes féconds qui, développés
par nous-mêmes , forment une grande partie
de notre droit positif.

Il n'en est pas des sciences morales comme
des sciences physiques : dans celles-ci, les idées
nouvelles doivent presque toujours l'emporter
sur les autres , parce qu'elles sont le résultat
des expériences et de l'observation , et que ce
n'est qu'en ajoutant chaque jour à la somme
de ses recherches et de ses connaissances, que
l'homme peut pénétrer les secrets de la nature.
Mais les vérités morales, au contraire , acquiè-
rent d'autant plus d'autorité qu'elles datent
de plus loin , qu'elles ont été reconnues par
plus de peuples, et proclamées par un plus
grand nombre de sages. C'est ainsi que , par-
venant jusqu'à nous environnées des respects
et des hommages des anciens, elles obtiennent
plus facilement les nôtres. Nous puisons donc
dans l'étude des Douze Tables de nouveaux
motifs pour nous attacher à notre propre jurisprudence, et pour y reconnaître le produit
de plus de vingt siècles d'expérience et de lumières.

L'autorité et la sagesse du code des décemvirs n'ont été contestées que vers la fin du der-

nier siècle, et dans un tems où , par un abus
du *doute méthodique* , des vérités éternelles
étaient réduites en problèmes.

Je lis, dans un ouvrage destiné à former des
jurisconsultes , que le latin des Douze Tables
est aussi barbare que le sont la plupart de leurs
dispositions (1), et dans un autre, qui traite
de l'économie politique, que les auteurs anciens vantent beaucoup la sagesse de ces lois ;
mais que les écrivains modernes les jugent avec
plus de sévérité ; qu'on n'en fait plus le même
cas, et que si la situation des Romains, au quatrième siècle de la république, ne comportait
pas de meilleures lois, le législateur qui en
donnerait de pareilles aux peuplades de nos
jours ne serait admiré que dans son pays (2).
Dans le premier ouvrage , pour donner une
idée de ces lois, on en cite cinq dispositions
seulement : celle qui permet à des créanciers
de couper le corps de leur débiteur ; celle qui
ordonne de tuer les enfans monstrueux ; l'é-
tendue de l'autorité paternelle ; le mariage

---

(1) Voyez dans l'*Encyclopédie méthodique* , partie de la *ju-*
*risprudence*, le mot *Loi.*

(2) Voyez le même ouvrage, *Economie politique et diplo-*
*matique* , au mot *Décemvirs.*

contracté de plein droit après un an d'habitation commune, et la peine de mort portée contre les magiciens; ce qui ne peut donner qu'une très-fausse idée du droit établi par les décemvirs; et si le lecteur veut en savoir davantage, on le renvoie à Rittershusius, à Bonamy et à Terrasson, c'est-à-dire qu'on lui indique ceux qui sont le moins capables de l'instruire sur cette importante matière (1).

J'ai peine à croire que le rédacteur du premier article ait eu sous les yeux les textes des Douze Tables lorsqu'il a accusé leur style de barbarie; et je suis convaincu qu'avec un peu de réflexion il l'aurait jugé plus équitablement.

Il doit se trouver de l'obscurité dans la plupart de ces fragmens; mais elle n'existe que pour nous, qui ne connaissons pas assez la langue que parlaient les Romains du tems des décemvirs. Nous ne comprenons guère mieux les poésies du comte de Champagne, qui faisaient autrefois le charme de tous les Français instruits, et dans lesquelles nous découvrons encore aujourd'hui beaucoup de politesse et d'élégance.

_________________

(1) On en verra la raison dans un autre endroit.

D'ailleurs le style sévère et le noble laconisme que demandent les lois, sont peut-être la première cause de l'obscurité dont nous nous plaignons; mais de là il y a loin jusqu'à la barbarie.

Ce n'était pas ainsi que Cicéron s'expliquait sur les Douze Tables, et personne ne sera tenté d'infirmer la décision d'un tel juge. Son traité *de l'Orateur* est rempli d'éloges qui portent précisément sur le style; et, dans son quatrième livre *de la République*, il les admire, non seulement à cause de la sagesse de leurs dispositions, mais encore pour la propriété des termes, et parce qu'elles sont écrites avec élégance. Ce maître de l'éloquence romaine dit, dans un autre endroit, qu'il y a certains termes consacrés aux lois, qui, pour n'être pas si nouveaux que ceux dont il se sert lui-même, n'en ont que plus d'autorité; et il tâche d'imiter ce langage antique dans les lois qu'il propose.

Mais afin de prononcer nous-mêmes, cherchons quelques exemples de ce beau laconisme et de ce ton impératif qui conviennent si bien aux législateurs.

Pour interdire les priviléges :

*Privilegia ne irroganto.*

Pour défendre aux femmes de se déchirer le visage en se livrant à la douleur dans les funérailles :

*Mulieres genas ne radunto.*

Pour déterminer ce que nous appelons le *tour d'échelle :*

*Ambitus parietis, sestertius pes esto.*

Pour le tuteur qui use de mauvaise foi :

*Si tutor dolo malo gerat, vituperato.*

Peut-on en moins de mots fixer le taux de l'intérêt légal, et déterminer la peine qui sera encourue par les contrevenans ?

*Si qui unciario fœnore amplius fœnerassit, quadruplione luito.*

Je trouve réunis à ces premiers avantages le nombre et l'harmonie dans le texte qui suit :

*Sol occasus suprema tempestas esto.*

Quelle image !

Et dans ceux-ci :

*. . . . . . Ob portum obvagulatum ito.*

*Adversus hostem æterna auctoritas esto.*

*Patronus si clienti fraudem faxit, sacer esto.*

*Si falsum testimonium dicassit, saxo dejicitor.*

*Quod postremum populus jussit, id jus ratum esto.*

La lecture de tous les autres textes confirmera dans l'opinion que ceux-ci auront donnée du style des Douze Tables.

Quant au fond même de leurs dispositions, on ne doit pas non plus les accuser de barbarie. Des lois qui ordonnent de fournir une voiture au défendeur retenu par une indisposition, qui veulent que le pauvre soit admis à répondre pour le pauvre, qui mettent le faible sous la protection du puissant, qui permettent de transiger sur un larcin, et n'admettent le divorce que sur de justes causes, peuvent-elles être taxées d'inhumanité?

Relativement à la puissance paternelle qu'elles établissent, et aux peines qu'elles prononcent contre le débiteur insolvable qui a trompé plusieurs créanciers, on trouvera peut-être des raisons qui les justifient, si l'on examine attentivement les explications que je donnerai à la suite de chaque Table. Mais je dois dire ici, à l'égard des enfans monstrueux qu'elles ordonnent de mettre à mort, qu'il est certains écarts de la nature qui pourraient encore aujourd'hui nous forcer à de semblables précautions; si d'ailleurs la religion chrétienne ne nous prescrivait pas une autre conduite, et qu'il ne faut pas croire que les décemvirs aient confondu une simple difformité avec une *monstruosité* caractérisée.

En portant la peine de mort contre les magiciens, les Romains n'ont fait que suivre l'exemple des nations policées ; et, de nos jours, la plupart des peuples qui sont le plus éloignés de la barbarie, conservent dans leur code de semblables dispositions. Enfin, en ordonnant qu'après une année d'habitation avec un homme libre, la concubine prendrait le titre de légitime épouse, et que ce mariage ne pourrait pas être autrement dissous que les autres, les décemvirs ont voulu bannir la licence, empêcher un scandale perpétuel, et légitimer des liens que le cœur avait déjà formés.

Quoiqu'il ne nous reste qu'une faible partie des Douze Tables, et que des fragmens qui font apercevoir de grandes lacunes, on n'en saisit pas moins leur esprit général, et l'on remarque un bel ensemble, une sage économie. On reproche aux décemvirs de n'avoir pas été assez avares de la peine de mort, et je vois qu'elle est également ordonnée parmi nous pour les mêmes délits, à bien peu d'exceptions près. On vante la sagesse de la loi Porcia, qui défend de mettre à mort un citoyen romain, et convertit en simple exil la peine capitale. Le même principe a été décrété dans l'une de nos assemblées législatives ; mais il n'a jamais été mis en pratique, et la question est maintenant, je crois, irrévocablement jugée.

On va voir, au surplus, avec quelle constance le code des décemvirs a été sollicité, et de quelle estime il a joui du tems de la république romaine, et même long-tems après sa décadence.

La formation et la publication des lois des Douze Tables a été une transaction entre le sénat et les plébéiens. Depuis l'expulsion des rois, les deux ordres de l'état avaient vécu dans une parfaite intelligence tant que Tarquin fut à redouter ; mais lorsque sa mort eut chassé toute crainte, la division se mêla parmi les Romains, et, depuis ce tems leur histoire ne paraît plus que celle d'une guerre civile et perpétuelle, dans laquelle on voit le parti populaire s'accroître, profiter de ses avantages, en remporter de nouveaux, demander beaucoup, obtenir toujours quelque chose, et finir par confondre en quelque sorte les deux ordres dans un seul ; les patriciens n'ayant plus conservé qu'un vain nom, et se voyant forcés de partager toutes les dignités avec leurs éternels ennemis.

La première victoire que les plébéiens remportèrent fut la création des tribuns. Alors ils virent des chefs ardens à combattre le parti des sénateurs, et qui, par l'exil de Coriolan, révélèrent au peuple le secret de ses forces. Ce qui les accroissait encore, c'est que, dans la classe du peuple, il ne se trouvait aucun partisan des patriciens; tandis que, dans le sénat, deux familles regardaient comme héréditaire l'obligation de soutenir le peuple contre le crédit, la puissance et la fermeté des grands (1). La famille Claudia, fertile en hommes courageux, et qui développaient une mâle énergie, ne pouvait seule soutenir des attaques continuelles et souvent inopinées. Au surplus, de grands hommes ont toujours paru dans les partis contraires, et de grandes choses sont souvent nées de ces débats, qui semblaient devoir amener la ruine de la république.

Cassius Viscellinus, dans le seul dessein de servir une ambition qui tendait au pouvoir suprême, avait proposé un nouveau partage

_______________

(1) Les descendans de Valerius Publicola et la famille Horatia.

de toutes les terres conquises sur l'ennemi, sans que l'on eût égard à la longue possession qui semblait légitimer les usurpations réelles ou imaginaires qu'il disait avoir été commises. Sa mort fut un triomphe pour les patriciens ; mais il n'eut qu'une courte durée : l'esprit de Cassius lui survécut. A peine les périls du dehors étaient-ils passés, que la loi agraire, proposée par les tribuns, et quelquefois même appuyée par des consuls, donnait lieu à de nouvelles agitations ; lorsqu'enfin il fut ordonné que des commissaires seraient chargés d'en procurer l'exécution. Ils devaient être nommés par les consuls, et plusieurs de ceux-ci, ayant négligé cette nomination pendant leur magistrature, se virent, en sortant de charge, traduits devant le peuple, et condamnés à une forte amende.

Le peuple avait acquis le droit de juger les grands, lorsque ceux-ci étaient accusés pour crime d'Etat ; mais les grands jugeaient le peuple dans les affaires civiles. Les consuls administraient la justice, soit par eux-mêmes, soit par des juges ou des arbitres qu'ils donnaient aux parties, selon la nature des causes, et les circonstances qui les caractérisaient. Ce qui nous reste de l'histoire de ces premiers tems donne une haute idée de la noble intégrité de ces magistrats ; mais la plupart des questions qui se présentaient à juger étaient d'autant plus délicates, que les Romains n'avaient point alors de droit positif. Beaucoup de lois royales étaient abrogées par le non usage. D'ailleurs, les rois de Rome en avaient peu fait pour fixer les règles à suivre dans l'administration de la justice. Des coutumes, seulement transmises par la tradition, offraient au peuple et aux juges un code incertain dont ceux-ci étaient les interprètes et les arbitres : l'erreur était facile et la plainte inévitable.

D'un autre côté, la dureté des créanciers, soulevant fréquemment une populace indocile, donnait lieu à de nombreux procès où le juge, riche et patricien, ne pouvait que tenir difficilement la balance. Enfin, le pouvoir judiciaire, confié aux grands, était un éclat de plus qui offusquait et blessait les tribuns, et fournissait tous les jours une nouvelle matière à leurs harangues séditieuses.

Les choses étaient dans cet état, lorsqu'en l'an 292 de Rome, la loi *Terentilla* fut proposée pour la première fois par un tribun du peuple(1).

______

(1) Caïus Terentillus Arsa. Les uns assignent pour époque

Elle portait en substance que des commissaires seraient chargés de former un code qui contiendrait des règles générales d'administration publique et un système complet de jurisprudence , dont on ne pourrait s'écarter dans les jugemens , de sorte que la volonté du magistrat serait assujettie à celle de la loi.

Cette proposition ne manqua pas d'occasioner de nouveaux troubles. Le sénat avait pour lui la fermeté des consuls soutenus par le courage des jeunes patriciens, des guerres successives, la prise du Capitole par un Sabin, la contagion et d'autres fléaux ; mais c'étaient de faibles ressources contre l'opiniâtreté des tribuns. L'exil de Céson fit voir au sénat toute la difficulté de sa situation. Il crut avoir beaucoup gagné en permettant au peuple de porter à dix le nombre de ses tribuns, et en lui cédant le Mont-Aventin, à condition qu'on ne parlerait plus de la loi *Terentilla ;* mais la condamnation de Romilius et de Veturius lui apprit que le parti populaire ne se contentait pas de ces avantages.

---

l'an 291, d'autres l'an 293 ; ce qu'il y a de certain, c'est que ce fut sous le consulat de L. Lucretius Tricipitinus et de T. Veturius Geminus.

Jusqu'en l'an 3oo de Rome, la loi agraire et la loi *Terentilla*, proposées tour à tour, quelquefois en même tems, avaient agité violemment les esprits ; ils sentirent enfin le besoin d'un moyen terme qui pût les réunir.

Le peuple renonça à ses prétentions sur le partage des terres, et le sénat consentit qu'il fût formé un code de lois uniformes qui régirait également les deux ordres, et servirait de règle pour les jugemens. Romilius luimême, oubliant tout ressentiment de sa condamnation, appuya le projet de la loi *Terentilla*. Les plébéiens, qui voulaient d'abord que la moitié des commissaires fût p rise dans leur ordre, consentirent à ce qu'on les choisît tous parmi les patriciens ; et, soit pour donner à la législation nouvelle plus d'autorité, soit pour la rendre plus complète, soit par d'autres raisons qui nous sont inconnues, on envoya trois députés dans la Grèce, avec ordre d'en rapporter les meilleures lois. On croit même que ces ambassadeurs se rendirent, non seulement à Athènes et à Sparte, mais encore dans plusieurs villes grecques d'Italie. Ils mirent deux ans à ce voyage.

A leur retour, on nomma dix commissaires qui furent chargés de rédiger les lois sur celles qu'on avait apportées de la Grèce, sur les lois royales, et sur les coutumes non écrites. Ils furent aidés dans ce travail par Hermodore, citoyen illustre que les Ephésiens avaient banni, et qui s'était retiré à Rome. On forma dix Tables de ces lois, qui furent exposées en public, afin que chacun pût en dire son avis. L'année suivante, deux nouvelles Tables furent ajoutées aux premières, et, après avoir reçu l'approbation générale, toutes ces lois furent gravées sur douze tables d'airain que l'on plaça dans le Forum, pour y demeurer perpétuellement exposées aux regards du peuple et des magistrats, qui pouvaient, chaque jour, y lire la mesure de leurs droits et la règle de leurs devoirs.

On voit que j'ai évité jusqu'ici beaucoup de détails historiques qui sont connus de tout le monde (1); mais je dois m'arrêter sur un point de controverse qu'on a élevé, dans le siècle dernier, touchant les rapports qui peuvent exister entre les lois de Solon et celles des Douze Tables.

De ce que des députés romains sont allés à

_______________

(1) L'abbé de Vertot, dans ses *Révolutions romaines*, ne laisse rien à désirer sur cet objet.

Athènes chercher les lois de Solon, on a cru pouvoir conclure que les Douze Tables n'étaient rien autre chose qu'une copie des lois attiques, et cette opinion a trouvé de nombreux partisans.

De son côté, un jurisconsulte napolitain, nommé J.-B. Vico, a regardé comme une fable ce que les historiens ont écrit de cette députation ; il pense qu'elle fut inventée par les patriciens pour amuser le peuple pendant trois ans ; d'où il veut inférer que les lois d'Athènes n'ont point servi pour la rédaction de celles des Douze Tables.

Ce dernier système, tout paradoxal qu'il ait pu paraître, a été, en grande partie, adopté par un savant académicien (1), et lui a fait naître l'idée d'une excellente dissertation, qu'il publia en 1735, et dans laquelle il soutient que tout l'honneur de la composition des Douze Tables doit être attribué aux décemvirs, et que les Romains étaient assez riches de leur propre fonds, sans avoir besoin d'appeler à leur secours des lois étrangères. Dans la première partie de cet écrit, il conclut que les

―――――――――

(1) Bonamy, membre de l'académie des inscriptions et belles-lettres.

patriciens avaient déjà ces lois toutes faites,
avant que de feindre une députation dans la
Grèce ; mais qu'ils ont cru devoir les présenter sous le nom d'un peuple estimé à Rome ;
et, faisant ensuite l'examen de dix-neuf textes
des Douze Tables, il s'attache à prouver que
la plus grande partie de ces lois sont si particulières au peuple romain, qu'on n'en voit
point de semblables à Athènes, et que s'il y a
des lois communes à ces deux républiques, ou
elles étaient en usage à Rome avant les décemvirs, ou elles sont si simples et si naturelles,
qu'on les trouve établies chez toutes les nations
policées.

Terrasson, qui a publié quelque tems après
une *Histoire de la jurisprudence romaine*,
prétend réfuter le sentiment de Bonamy, et
prouver, 1º que, lorsqu'il fut question de com-
poser les Douze Tables, les Romains n'avaient
pas chez eux de quoi former ce code, parce
que les lois royales étaient cachées depuis long-
tems dans les archives des pontifes, d'où elles
ne furent tirées que plus d'un siècle après la
publication des Douze Tables ; 2º qu'en conséquence de cette disette de lois, les Romains
envoyèrent réellement en Grèce, et dans les
villes grecques d'Italie, des députés qui en

rapportèrent les lois de Solon et des autres législateurs ; 3° que ces lois, jointes aux coutumes non écrites des Romains, ont été la matière des Douze Tables.

Je crois que ces écrivains ont été trop avant, mais que chacun des deux a trouvé la moitié de la vérité.

Et d'abord, pour ce qui concerne l'opinion de J.-B. Vico et celle de Bonamy, la députation est attestée par des historiens dignes de foi, notamment par Tite Live et Denys d'Halicarnasse qui disent positivement que trois ambassadeurs furent envoyés à Athènes et dans les villes de la grande Grèce, dont ils rapportèrent les lois après en avoir fait la collection : ils nous ont même transmis les noms de ces députés (1). Je sais qu'ils n'ont pu travailler sur les mémoires des historiens contemporains, parce que le sac et l'incendie de Rome, arrivés environ soixante ans après les décemvirs, ont fait disparaître les annales du peuple romain et les autres monumens de ce genre ; mais lorsque l'on se fut occupé de re-

***

(1) Sp. Posthumius Albus, Aulus Manlius et S. Sulpicius Camerinus, selon Tite Live. Sp. Posthumius, Servius Sulpicius et Aulus Manlius, suivant Denys d'Halicarnasse.

bâtir la ville, les prêtres prirent le soin d'écrire de mémoire, et sur le témoignage des vieillards, tous les événemens qui intéressaient la république. A cette époque existaient encore des témoins oculaires et les fils mêmes des députés ; de manière qu'on ne saurait révoquer en doute des faits ainsi attestés ; et voilà quels guides ont suivis nos deux historiens. Beaucoup d'autres disent également qu'on se servit des lois grecques pour la composition du nouveau droit ; de sorte qu'il est impossible de ne pas reconnaître tous les caractères de la vérité historique dans de pareilles assertions.

Si ce voyage n'a été que feint, pour amuser le peuple et pour temporiser, on n'aura pas apporté à Rome les lois attiques ; alors on n'avait pas besoin du ministère d'un Grec pour les traduire dans la langue romaine. Cependant la reconnaissance publique éleva une statue à Hermodore, pour avoir servi d'interprète aux décemvirs dans la composition de leurs lois ; c'est Pline, le naturaliste, qui nous a transmis ce fait, et il me semble concluant.

Bonamy prétend que si des Romains sont allés en Grèce, ils n'avaient pas besoin d'Hermodore pour traduire les lois qu'ils ont rapportées, et que si Hermodore était à Rome, il devait leur épargner la peine du voyage. Ce raisonnement me paraît plus ingénieux que solide : il suppose que les députés auraient vécu assez de temps chez les Grecs pour en apprendre parfaitement le langage, et pour en étudier les mœurs, le meilleur interprète des lois. Il faudrait aussi qu'Hermodore, Ephésien, eût appris de mémoire toutes les lois qui régissaient chaque peuple de la Grèce, et qu'il eût pu les écrire ainsi sous les yeux des Romains.

Notre académicien croit encore tirer un grand avantage du silence de Cicéron, parfaitement instruit sur l'histoire comme sur les lois de son pays, et qui n'eût pas manqué de parler de cette députation s'il l'eût connue. Mais qui ne voit au contraire que ce même silence est un aveu formel? car du temps de Cicéron existaient déjà tous les écrits des historiens qui ont servi de guides à Tite Live et à Denys d'Halicarnasse, et qui témoignaient hautement du fait aujourd'hui contesté. Cicéron, qui s'attachait singulièrement à redresser toutes les erreurs de son tems, et qui se répand en louanges continuelles sur le compte des décemvirs, n'eût pas manqué de s'élever contre un mensonge qui leur enlevait une partie de leur gloire.

Enfin, le système général de Bonamy consiste à prétendre que les Romains n'auraient pas daigné accueillir les lois des nations étrangères. Cependant les Romains avaient pour maxime d'adopter tout ce qu'ils trouvaient de bon chez les autres peuples. C'est ce que Salluste fait dire à César (1), qui ajoute qu'ils empruntèrent aux Samnites leurs armes, aux Toscans les ornemens des magistrats, et que s'ils remarquaient, soit chez leurs alliés, soit même chez leurs ennemis, quelque bon exemple, ils mettaient un soin extrême à l'imiter, aimant mieux avoir de l'ambition pour la vertu que de lui porter envie.

Il dit encore : « Dans ce temps-là, *ils sui-* » *vaient les coutumes des Grecs* ; ils faisaient » battre de verges les citoyens romains con- » vaincus de quelque crime, et leur faisaient » subir le dernier supplice....; mais la loi *Por-* » *cia*, et d'autres lois encore, ordonnèrent » de borner la peine au bannissement. » Ce

---

(1) *Conjuration de Catilina.*

genre de supplice, que les Romains avaient
emprunté des Grecs, se trouve plusieurs fois
ordonné dans les Douze Tables. Une autre vérité de fait contre laquelle rien ne saurait prévaloir, c'est qu'environ un tiers des textes des
Douze Tables, tels que nous les avons maintenant, se trouve entièrement conforme aux lois
attiques, dont Samuel Petit nous a donné la
collection. J'en excepte ceux qui ont des rapports avec les lois royales. Ainsi la députation
en Grèce est prouvée, et ce n'a point été un
vain appareil : on a eu pour objet de donner plus
de perfection au code que l'on se proposait
de rédiger.

Mais si Bonamy a erré dans cette première
partie de sa dissertation , et s'il a été séduit
par l'esprit de système , dont les plus savans
hommes ont tant de peine à se défendre, il
n'en a pas moins publié et prouvé, dans le reste
de son ouvrage, une vérité importante et nouvelle : c'est que l'esprit général, et l'économie
de la jurisprudence des Douze Tables, appartiennent entièrement aux Romains, et qu'on
n'a point, à cet égard, imité les Grecs; c'est
que le droit établi par les Douze Tables diffère
essentiellement du droit attique dans ses bases
principales, telles que le droit public, la puis-

sance paternelle, l'ordre des successions, les tutelles et les testamens, et qu'on n'a pris des lois attiques que celles qui se trouvaient en harmonie avec ce système général ; enfin c'est que plusieurs lois, qui semblent avoir été copiées sur celles de Solon, étaient en vigueur à Rome avant le tems des décemvirs. Il y aurait plus que de la témérité à vouloir attaquer une opinion aussi solidement établie.

Ainsi Terrasson a eu raison de soutenir que des lois grecques sont entrées dans la composition des Douze Tables ; mais il a visiblement erré en prétendant qu'elles en faisaient la base principale, qu'on n'y a ajouté que quelques coutumes non écrites des Romains, et que, pour former leur code, les décemvirs n'avaient pas eu la ressource des lois royales.

Toutes ses assertions reposent sur une erreur de fait : il pense qu'à l'époque de la création des consuls, les pontifes s'emparèrent de toutes les lois, tant de celles qui avaient rapport à la religion que de celles qui concernaient le droit civil ; et que, d'accord avec les patriciens, ils les ont tenues cachées jusqu'au milieu du cinquième siècle de Rome, qu'elles furent rendues publiques par les soins de Cn. Flavius.

Romulus a fait toutes les lois nécessaires

pour instituer un gouvernement et des magistrats; il a déterminé des peines pour différens
délits; mais il ne fixa point de règles de jurisprudence, laissant aux juges la seule équité
naturelle pour règle de leurs décisions. Numa,
dont les principales lois ont eu pour objet le
culte des dieux, en porta cependant quelques-
unes sur les contrats et sur les limites des héritages; il institua le serment décisoire que,
dans le doute, le juge défère à l'une des parties. Servius fixa des règles pour l'administration de la justice. Toutes ces lois furent réu-
nies dans le code papirien, lequel existait du
tems des premiers consuls; et, selon toute apparence, ce fut la source où Valerius Publicola
puisa les lois de Servius, qu'il remit en vigueur
après l'expulsion de Tarquin qui avait fait
briser les Tables sur lesquelles on les avait
gravées.

Comment donc supposer entre les pontifes
et les patriciens un concert qui aurait eu pour
objet de cacher au peuple les lois qui lui étaient
favorables, lorsque la famille Valeria, toute
patricienne, et qui avait une grande autorité
dans le sénat, signalait de tems à autre sa po-
pularité, soit en renouvelant quelques lois de
Servius, soit en faisant adopter de nouveaux

règlemens conçus dans le même esprit ; ce que je vois encore arriver, même après le tems où vivait Cn. Flavius ?

Terrasson ne cite d'autre preuve que le larcin, fait par Flavius, de ces lois qui étaient soigneusement renfermées dans le cabinet d'un patricien dont il était le secrétaire, et qui furent ainsi rendues publiques ; mais Terrasson se trompe sur l'objet de ce larcin.

Les Douze Tables, qui, pour les matières civiles, ne contenaient que des principes de droit, n'offraient aucune des formules qu'on avait besoin d'observer pour porter une action en justice ; on n'y trouvait point les règles de la procédure : elles furent depuis fixées par les pontifes, qui, pendant cent ans, ont été en possession d'interpréter les lois. Appius Claudius Centum-manus, ou Cæcus, célèbre jurisconsulte (*a*), avait réuni ces formules dans un seul recueil, en y ajoutant celles qu'il avait lui-même établies. Flavius, son secrétaire, déroba ce recueil, qui, de son nom, fut appelé *droit flavien ;* mais il ne contenait ni les lois royales sur les matières civiles, ni celles de la

---

(*a*) Les notes indiquées par des lettres italiques sont placées à la fin de la première partie de cet ouvrage.

religion : aucun des auteurs cités par Terrasson ne l'a dit (*b*) ; et lui-même convient dans son histoire du droit flavien que ce n'était pas autre chose qu'un code de procédure.

Ainsi il ne faut pas croire que les lois royales qui concernaient le droit civil aient été inconnues aux décemvirs et au peuple. Beaucoup d'entre elles sont même entrées dans la composition des Douze Tables, où on les reconnaît encore aisément. C'est absolument la même chose et pour les dispositions, et pour les termes employés. Il est donc vrai de dire, en conciliant Terrasson et Bonamy, que les lois des Douze Tables ont été formées des lois royales, des coutumes non écrites des Romains, et des lois qu'on avait été chercher dans la Grèce, en ajoutant néanmoins que le droit décemviral diffère essentiellement du droit attique.

Le respect que les Romains conçurent pour cette célèbre collection fut tel, que, malgré les crimes dont se couvrirent les décemvirs de la seconde année, et la juste indignation qu'inspira leur tyrannie, on conserva les deux Tables qu'ils avaient ajoutées aux dix premières : elles furent gravées de même sur l'airain et exposées dans le Forum ; ce qui n'eut lieu qu'après

la mort violente d'Appius Claudius, le plus célèbre comme le plus odieux de ces magistrats ;
et assurément on ne citera guère de législateurs qui aient obtenu une pareille gloire (c).

Cette estime a été partagée par les étrangers
eux-mêmes et d'illustres personnages, puisque,
indépendamment des louanges que des écrivains grecs ont données depuis aux Douze
Tables, dès le tems des décemvirs, Héraclite
écrivait à Hermodore : « J'ai vu dans un songe
» tous les rois de la terre accourir, se proster-
» ner devant vos lois, et les adorer à la ma-
» nière des Perses. » Terrasson prétend que
cette prédiction ne fut point accomplie ; car,
« non-seulement, dit-il, l'autorité des Douze
» Tables ne s'étendit point chez les autres
» peuples, mais encore elles ne subsistaient
» déjà plus à Rome vers la fin de l'empire. »
Cela est vrai pour les Tables sur lesquelles ces
lois étaient gravées et les livres où on les avait
écrites ; mais cela n'est point exact pour les
lois elles-mêmes, qui, refondues dans celles de
Justinien dont elles font la base, sont venues
jusqu'à nous, et se retrouvent, en grande partie, dans le droit civil de toute l'Europe. Il
conviendrait donc mieux de dire, au contraire,
qu'Héraclite était en quelque sorte animé d'un

esprit prophétique lorsqu'il écrivait à son ami (*d*).

Les Douze Tables, exposées dans le Forum, furent détruites par les Gaulois à l'époque que j'ai déjà rappelée. On en fit faire de nouvelles ; et, soit dans la crainte d'un pareil événement, soit que l'usage s'en fût introduit dès le commencement, on les fit apprendre de mémoire aux enfans ; ce qui se pratiqua jusqu'au tems de Cicéron.

Cet homme consulaire, qui allia si heureusement la philosophie à la jurisprudence, nous apprend (1) avec quel enthousiasme les grands hommes qui l'ont précédé parlaient des lois décemvirales, qu'ils mettaient sans difficulté au dessus de celles des autres peuples. Ils les voyaient comme un livre en quelque sorte universel, où les historiens pouvaient rechercher les mœurs et les coutumes antiques, le jurisconsulte et l'homme d'état trouver l'institution et l'image d'un gouvernement parfait, une belle distribution et une savante économie, tant pour les matières du droit civil que pour la police et le droit public. Que si l'on veut

______

(1) Liv. I *de l'Orateur.*

faire ses délices de l'étude de la philosophie la plus relevée, c'est dans les Douze Tables qu'il faut en chercher les sources. Il est vrai qu'elles ne forment pas un code volumineux, parce que les décemvirs, qui les avaient composées d'abord, les retouchèrent et les corrigèrent ensuite; mais elles contiennent presque autant de maximes que de mots. Quelles douceurs, quelles délices ne goûte-t-on pas dans la lecture de ce premier monument de l'antiquité! Quelles connaissances riches et fécondes! elles font aimer la sagesse, elles inspirent l'horreur du vice; on y voit la vertu récompensée et comblée d'honneurs, la fraude proscrite, et le crime puni par l'ignominie, par l'exil, par la mort; on y apprend à réprimer la cupidité, à dompter les passions, à conserver ses biens, à ne point porter atteinte à ceux d'autrui, et même à ne point porter envie à son prochain.

Ainsi parlait Crassus devant les plus grands hommes de son tems, qui tous applaudissaient aux louanges qu'il donnait à leurs lois; et il ajoutait : « Vous trouverez encore cette satisfaction dans l'étude que vous en ferez, qu'elle vous apprendra combien votre patrie s'élève au dessus des autres par la science des lois. Voyez celles de Dracon, celles de Solon et celles de Lycurgue ; elles ne sont nullement comparables aux nôtres ; c'est un désordre et une confusion vraiment incroyables. Tant il est vrai que tous les autres peuples , sans en excepter même les Grecs , n'ont point égalé les Romains par la sagesse et par la prudence. »

Ce grand personnage , placé entre le tems du vieux Caton et celui du triumvirat, voyait dans les Douzes Tables le plus ferme soutien de la république , et dans leur oubli la première cause de la ruine de l'état. Il savait ce qu'avait prédit Caton. La mort violente des deux Gracchus , les divisions d'un tribun (1) qui soutenait le parti du sénat , et d'un consul (2) qui embrassait la cause de la populace, et voulait confisquer les biens des sénateurs, étaient pour lui autant de symptômes du désastre de Rome , causé par le mépris des lois (e).

Les Romains commencèrent à négliger les Douze Tables à l'époque où s'introduisit chez eux la philosophie des Grecs , et Caton leur prédit qu'ils perdraient la république.

En l'an de Rome 598 , les Athéniens, con-

_______________

(1) Drusus. (2) Philippe.

damnés à une amende de 500 talens pour avoir
dévasté Orope, députèrent au sénat romain
pour faire révoquer cette condamnation. Ils
confièrent cette mission délicate à trois philosophes, Diogène le stoïcien, Carnéades de la
secte académique, et Critolaüs qui professait
la doctrine d'Aristote.

« Ces trois chefs de secte furent bien ac-
» cueillis : on fit droit à leur demande ; mais ils
» ne se contentèrent pas de sauver la république,
» ils voulurent mettre à profit, pour les intérêts
» de la philosophie, le séjour que leur mission
» leur permettait de faire à Rome. Ils y ouvri-
» rent des écoles particulières ; et tout ce qu'il y
» avait dans cette capitale du monde de jeunes
» gens distingués par la naissance et par les
» talens, y accoururent avec une telle affluence
» et une telle assiduité, que le vieux Caton,
» craignant que cette nouvelle doctrine ne por-
» tât atteinte à l'austérité des mœurs antiques,
» proposa de les renvoyer poliment, afin que
» la jeunesse reprît ce qu'on regardait alors
» comme étude fondamentale, ou, pour
» mieux dire, unique, celle des lois. Les vieil-
» lards, même les plus instruits, faisaient
» semblant de mépriser les autres connais-
» sances (f). »

Telle fut la célèbre époque où la philosophie d'Athènes vint s'établir à Rome. La résistance de Caton n'était point excitée par la
haine de la doctrine, mais par la crainte des
abus qu'elle pourrait entraîner. Il redoutait
les vaines disputes de l'école, les subtilités des
sophistes, et cette futile science de mots qui
fait de tous les jeunes gens d'insipides discou-
reurs, prêts à discuter toutes les matières sans
en approfondir aucune.

Crassus, qui semblait avoir hérité de l'ame
de ce grand homme, en louant toutefois Carnéades, disait que le choix des mots, la manière de les arranger et la structure des pé-
riodes, se pouvaient apprendre facilement, et
par le seul exercice; que l'essentiel était de se
faire un grand fonds de connaissances; mais
que les Grecs, ne l'ayant point, faisaient
perdre le tems aux jeunes Romains qui étu-
diaient sous eux. Et comme, durant sa censure,
des Latins voulurent professer à l'exemple des
Grecs, et qu'ils avaient encore moins qu'eux
de science et de politesse, Crassus, voyant que
ces nouveaux maîtres *ne pouvaient enseigner
que l'orgueil, qui rend suspectes les meilleures
choses, et qui, même quand il accompagne*

*le mérite, ne laisse pas que d'être blâmé,* crut qu'il était du devoir d'un censeur d'empêcher que le mal n'allât plus avant, et s'empressa de fermer *cette école d'impudence* (1).

Ce fut ainsi qu'à Rome la philosophie dégénéra dès son origine, et que de nouvelles études firent insensiblement négliger les Douze Tables, au point que, dès le tems de Cicéron, on cessa de les faire apprendre de mémoire aux jeunes gens ; ce qui rend bien frappans ces mots de Caton, rapportés par Plutarque : « Et pour divertir et dégoûter son fils d'étu- » dier ès lettres et disciplines grecques, il lui » disait en renforçant et grossissant sa voix » plus que sa vieillesse ne portait, *comme si,* » *par inspiration divine, il eût prononcé quel-* » *que prophétie :* TOUTES ET QUANTES FOIS » QUE LES ROMAINS S'ADONNERONT AUX » LETTRES GRECQUES, ILS PERDRONT ET GA- » TERONT TOUT (2). »

Les Douze Tables mises en oubli, un esprit d'orgueil remplaçant le savoir, le frein de l'an-

---

(1) *Impudentiæ ludus.* De Orat., lib. III.

(2) Ai-je besoin de prévenir que c'est la traduction de l'inimitable Amyot ?

cienne discipline aussitôt rompu, les deux Gracques assassinés (1), la guerre sociale, Marius, Sylla, Pompée, César, le triumvirat, Pharsale, Philippes, Actium. ........; comparez et jugez.

Cicéron, témoin et victime des malheurs de sa patrie, ne s'en dissimulait pas la véritable cause; et, au ton dont il nous transmet les discours de Crassus, on reconnaît aisément qu'il nous donne sa propre opinion (2).

Ce grand homme, le Platon aussi bien que le Démosthène des Romains, écrivit aussi un livre *de la République* et un traité *des Lois*. Dans ce dernier ouvrage, quelle législation choisit-il pour modèle? de quel code emprunte-t-il les dispositions pour en orner le sien? Des Douze Tables, de ces lois que quelques-uns de nos modernes appellent barbares, qu'ils veulent reléguer dans une faible bourgade, et que Cicéron a jugées dignes de régir le monde,

(1) Denys d'Halicarnasse observe que ce fut la première fois que Rome vit couler le sang de ses magistrats.

(2) Les poètes romains attribuent la corruption de leur siècle à la ruine de Carthage et à la conquête de l'Asie. Les philosophes en trouvent la cause dans l'oubli des anciennes lois : aucune de ces raisons n'exclut l'autre, et toutes deux sont fondées.

qui alors était, tout entier, soumis aux Romains.

L'autorité de ces lois, interprétées par les jurisconsultes, et modifiées par le droit prétorien, selon que l'exigeaient les tems, s'est perpétuée jusqu'au siècle de Justinien. Nous voyons, dans Aulu-Gelle, quelle vénération ses contemporains avaient pour elles. Les philosophes eux-mêmes trouvaient autant de plaisir dans leur lecture que dans celle des livres de Platon (1).

Justinien, qui sut immortaliser son règne par l'un des plus grands bienfaits que le peuple puisse recevoir d'un bon prince, un code unique de lois et un corps complet de jurisprudence, Justinien cite partout les Douze Tables avec les plus grands éloges. Il les refond tellement dans le nouveau droit des Romains, que celui qui n'en a pas fait une étude approfondie, ne saurait parvenir à l'intelligence d'une grande partie des *Institutes* et du *Digeste*.

Mais ces lois, à qui le peuple romain a dû sa prospérité pendant plusieurs siècles, ces

_______

(1) Aulu-Gelle, liv. XX, chap. 1.

lois, qu'il regardait comme le chef-d'œuvre de la raison humaine, ont disparu avec les autres monumens dont s'enorgueillissait l'Italie (1). Les ténèbres de la barbarie sont venues obscurcir cet horizon, autrefois si resplendissant de lumière, et elles ont, ainsi que les volcans, couvert le berceau et la patrie des lois. Le territoire de Rome renferme plus de trésors dans son sein que sa surface n'en présente à l'admiration du voyageur. Ainsi une grande partie des Douze Tables est disparue avec *la République* de Cicéron, la moitié de son traité *des Lois*, les écrits d'Hortensius, et ceux de Panœtius, les tragédies d'Ennius et celles de Pollion. Tite Live, Denys d'Halicarnasse, Tacite, Pline le jeune, et tant d'autres écrivains immortels, qui ont également subi les ravages du tems, ne sont venus jusqu'à nous qu'altérés et mutilés, et nous n'avons, de cette belle et riche antiquité, que des débris qui attestent moins notre opulence que notre misère.

Ce beau code de l'équité naturelle, les *Pan-*

_______________

(1) Il paraît que les tables sur lesquelles on les avait gravées existaient encore du tems de l'empereur Septime-Sévère. Elles étaient encore écrites du tems de Justinien.

*dectes*, avaient subi le même sort, et nous en serions privés pour toujours, si, par un de ces étranges hasards qui viennent, de loin en loin, nous frapper d'étonnement, le seul exemplaire que nous puissions consulter, relégué pendant plusieurs siècles, et oublié dans une petite ville de la Pouille, n'était devenu, dans un moment de pillage, la proie d'un soldat qui, frappé de l'éclat de sa couverture, y attacha plus de prix qu'au trésor qu'elle renfermait, et, ne pouvant l'en détacher, retira ce livre précieux de l'indigne lieu qui l'avait recélé jusque-là.

On voit que je veux parler du manuscrit célèbre qu'aujourd'hui l'on conserve avec tant de soin à Florence. A peine fut-il connu (1), que, d'un concert unanime, tout ce qu'il y avait en Europe d'hommes respirant l'amour de la science, se livrèrent sans réserve à l'étude du droit romain.

Mais on reconnut bientôt qu'il manquait un autre chef-d'œuvre. Les Douze Tables incessamment rappelées, Gaïus qui les interpréta fréquemment cité dans le *Digeste*, inspirèrent

---

(1) Vers le milieu du douzième siècle.

le désir de voir ce code qui n'était plus, et d'infatigables savans en recherchèrent les traces et les débris dans tous les écrivains qui en avaient parlé.

Tite Live, Denys d'Halicarnasse et Pomponius, en donnèrent l'histoire ; Cicéron, Festus, Aulu-Gelle, fournirent plusieurs de leurs textes ; les *Institutes* et le *Digeste*, une partie de leurs dispositions ; et le reste fut trouvé çà et là dans des historiens, dans des scoliastes et dans des fragmens de jurisconsultes qui n'étaient point entrés dans la composition des *Pandectes*, et qui, cependant, sont venus jusqu'à nous.

Je remarque deux manières de procéder de la part des savans qui ont tenté de relever cet antique édifice. Les uns n'ont voulu admettre que les textes dont ils pouvaient donner des preuves matérielles, que ceux enfin qui se trouvaient en quelque sorte littéralement copiés dans les écrits que je viens de citer. Les autres, au contraire, jaloux d'augmenter, autant qu'il était possible, cette précieuse collection, y ont fait entrer toutes les dispositions que, sur de simples conjectures, ils ont cru avoir fait partie des Douze Tables.

Parmi les premiers se trouvent Antoine Augustin (1), qui ne nous a donné que cinquante-six lois, et Fulvius Ursinus (2), qui, ayant ajouté des notes aux écrits de ce savant homme, ne donne que deux textes de plus.

Cependant Oldendorp (3), non content de réunir tous les fragmens que des écrivains du tems de la république et du tems des empereurs, ont attribués positivement aux Douze Tables, a cru pouvoir prendre dans le traité *des Lois* de Cicéron toutes celles que ce grand homme a proposées, se fondant sur un passage où il est dit que la plupart d'entre ces dispositions sont, à peu de chose près, semblables à celles des Douze Tables ; ce qui a produit une collection très-ample, qu'il divise en douze titres.

Dans le premier, que forment neuf chapitres, il traite des choses de la religion. Les onze premiers chapitres du second titre rapportent toutes les lois relatives aux magistrats, et le dernier traite des priviléges et de la pro-

----

(1) Mort en 1586.

(2) Mort en 1600.

(3) Mort en 1567. Je cite de préférence Oldendorp, quoique, avant lui, on eût déjà publié des collections à peu près semblables.

mulgation des lois. Le droit civil est l'objet des dix autres titres. Par ce seul aperçu, on peut se faire une idée de l'étendue de sa collection ; Spiégélius y a joint de savans commentaires, quoiqu'elle fût d'ailleurs accompagnée d'amples interprétations.

Denys Godefroi (1), qui a suivi la même méthode, nous a donné plus de deux cents lois, en prévenant toutefois ses lecteurs que plusieurs d'entre elles n'appartiennent qu'à Cicéron.

Je crois devoir passer sous silence les noms de beaucoup d'autres qui, dans les mêmes tems, se sont occupés de cette importante matière ; on n'en retirerait aucune utilité, et le travail serait long et pénible. J'observe seulement que les uns se sont attachés à rechercher et prouver les textes, les autres à les éclaircir et les interpréter ; mais on peut se persuader aisément que, parmi tant de systèmes divers que l'on vit éclore, et qui tendaient à expliquer les mœurs antiques des Romains, il y en eut de solides, il y en eut d'ingénieux ; mais on en vit aussi d'extrêmement ridicules.

On s'occupa aussi de conférer les Douze

______

(1) Né en 1549, et mort en 1622.

Tables avec les lois de Moïse et celles de la Grèce. Ce travail peut produire quelque utilité et quelque agrément, par l'espèce de relation et d'enchaînement qu'il présente entre les vérités morales qui composent ces trois législations différentes ; mais il est, quant à présent, étranger à mon objet. Si mes occupations me le permettent un jour, je pourrai aussi comparer les Douze Tables avec les coutumes et les lois antiques dont nous trouvons des monumens dans l'*Iliade* et dans l'*Odyssée*, et l'on y remarquera peut-être encore plus de rapport qu'avec les lois publiées par Solon et avec celles des Hébreux.

Il est deux écrivains que je ne puis passer sous silence, et qui ont publié leurs travaux sur la fin du seizième siècle. Jean Rosin, dans son ouvrage sur les *Antiquités romaines*, donne quatre-vingt-dix-neuf textes des Douze Tables, et Théodore Marcille en donne cent (1). Le premier y joint les preuves de leur authenticité, et des commentaires bien capables d'en faciliter l'intelligence, où l'extrême précision

_______________

(1) Numériquement parlant ; car, dans ces deux collections, les textes ne sont ni composés ni distribués de la même manière.

est jointe à l'extrême clarté, et où l'auteur, avec beaucoup de modestie, se contente de rapporter les opinions des autres, en faisant néanmoins présider à son choix une excellente critique. C'est une précieuse collection de presque tout ce qui avait été dit jusque-là de plus certain et de plus solide.

Rosin, à proprement parler, n'a été qu'un habile et judicieux compilateur. Théodore Marcille va plus loin, et, sans s'inquiéter de ce qu'ont publié les modernes, il fait lui-même les recherches les plus amples et les plus laborieuses; il multiplie les preuves, il n'en laisse échapper aucune. Celui-là a réuni tous les trésors du nouveau monde savant, celui-ci tous ceux des anciens, et il nous explique en même tems la valeur de chacune des expressions dont ils se sont servis. Ces deux ouvrages réunis offraient tout ce qu'il y avait de mieux alors sur cet intéressant sujet.

De leur côté, les Turnèbe, les Scaliger, les Saumaise, faisaient passer au creuset de la critique la plus sévère tous les manuscrits de l'ancienne Rome, corrigeaient, réformaient, restituaient des textes, remplissaient des lacunes, et offraient ainsi aux jurisconsultes littérateurs un flambeau propre à les guider au

milieu d'un jour encore douteux , et à éclaircir des ténèbres non encore dissipées.

Voilà ce que produisit, pour la connaissance
des Douze Tables, un siècle dont s'honorera
long-temps la jurisprudence ; le siècle des Cujas, des Pithou, des Barnabé Brisson. Je n'ai
pas besoin de dire que ces grands personnages
ont aussi payé leur tribut au droit décemviral.

Avant que de parler de celui qui a mis la
dernière main à ce grand ouvrage, je m'arrête à une réflexion. J'ai déjà fait voir quelle
avait été l'admiration des anciens pour les
Douze Tables : tant d'hommes justement cé-
lèbres, qui parmi nous, durant deux siècles
entiers, en ont fait l'objet de leurs recherches,
de leurs travaux et de leurs veilles les plus as-
sidues et les plus infatigables, n'en avaient pas
une moindre opinion. Il faut qu'ils les aient
vues d'un même œil que les anciens, qu'ils les
aient jugées dans un même esprit, qu'ils y
aient reconnu le principal fondement et la première source du droit romain, pour y avoir
consacré tant de soins et d'étude. Ceux qui
prétendent qu'elles n'ont été estimées que des
Romains, ont sans doute oublié cet hommage
universel de tous les jurisconsultes de l'Europe
moderne.

Quoi qu'il en soit, les collections que l'on a vues paraître jusqu'au commencement du dix-septième siècle différaient essentiellement. Les uns avaient adopté la méthode d'Olden-dorp, d'autres avaient préféré celle d'Antoine Augustin; mais ils ne s'étaient point accordés sur la distribution et la classification des textes. L'ordre qui fut le plus généralement suivi consistait à diviser tout l'ouvrage en trois parties, lesquelles avaient pour objet le droit sacré, le droit public et le droit civil. Beaucoup présentèrent les textes sans y mettre aucun arrangement.

D'un autre côté, on avait trouvé dans Aulu-Gelle, dans Cicéron, et surtout dans Festus, des textes que l'on pouvait regarder comme purs et primitifs à cause des vieux termes qui s'y trouvent employés; mais d'autres sources n'offraient que le sens de la disposition, et la difficulté consistait à traduire ces lois dans la langue des décemvirs. Aidés par d'anciens monumens, Antoine Augustin, Fulvius Ursi-nus, et Théodore Marcille, en avaient à peu près employé l'orthographe pour les textes primitifs; mais on n'avait pas encore osé tenter la traduction des autres en vieux langage romain.

Enfin, qui n'aurait éprouvé le vif désir de voir tous les textes ainsi restitués, et même divisés en Douze Tables, en suivant l'ordre et la méthode que les décemvirs avaient eux-mêmes adoptés?

Pour une telle entreprise, il fallait un homme laborieux, ardent, infatigable, doué de la plus grande perspicacité, d'une haute intelligence, et qui eût acquis les connaissances les plus profondes; qui eût assez de zèle et de courage pour rechercher péniblement quelle avait été la matière de chacune des Douze Tables, et la place de chacun des textes conservés; qui fût assez rempli de l'amour de la science pour apprendre la vieille langue des Romains, laquelle cesserait cependant de lui être utile aussitôt que son travail serait achevé: cet homme étonnant s'est rencontré, et ce fut Jacques Godefroi.

Il divise son ouvrage en six livres. Dans le premier il propose les textes des décemvirs, dans leur langage primitif, et distribués dans Douze Tables, selon la matière dont ils traitent. Il les accompagne d'une paraphrase qui en facilite l'intelligence, en suppléant à l'extrême concision de la leçon originale; mais il n'admet que les fragmens qui se trouvent nommément attribués aux Douze Tables par les auteurs anciens, et rejette toute preuve équivoque ou imparfaite (1). Le second livre a pour objet l'histoire et l'éloge des Douze Tables. Il y laisse parler les auteurs grecs et latins; il se contente de nous transmettre tout ce qu'ils en ont dit, et de copier fidèlement leurs passages. Le troisième livre est employé à nous donner toutes les preuves, non seulement de tous les textes, mais encore de la place que chacun d'eux doit occuper; et l'écrivain se contente encore ici de copier ces preuves sans entrer dans aucune discussion; seulement il redresse, dans les passages qu'il rapporte, les phrases et les mots qu'il croit avoir été altérés par les copistes. Il nous donne, dans le quatrième livre, les fragmens des anciens interprètes qui ont traité des Douze Tables. Le cinquième contient des notes courtes, mais lumineuses, dans lesquelles notre savant auteur interprète chaque disposition, et réfute en peu de mots les erreurs de ceux qui l'ont précédé; et, pour que rien ne manque à cet utile ouvrage, il est terminé par un vocabulaire qui nous explique

---

(1) A l'exception de quatre ou cinq textes seulement.

chacun des vieux mots latins que les décemvirs et notre Hermodore (1) ont employés.

Ce précieux travail commence par une préface où l'auteur nous donne les raisons qui l'ont porté à rejeter les textes qui avaient été proposés avant lui, et à en introduire de nouveaux qu'on n'avait point découverts jusquelà. Il nous explique comment des fragmens de textes doivent leur être enlevés et transportés à d'autres. Il les restitue dans leur intégrité , nous développe la méthode et la distribution des décemvirs, et prouve que chaque Table était divisée en plusieurs chapitres.

Everard Otton , dans une savante préface (2) qu'il a jointe à l'ouvrage de J. Godefroi (3), supplée au silence de cet auteur sur quelques points de controverse qui avaient été précédemment agités, et paie, en ces termes, à notre savant interprète le tribut d'éloges qui lui est dû : *Quis (enim) si non à litteris omninò alienus, venerandum ignorat J. Gothofredi*

---

(1) Il est certain que Jacques Godefroi nous a rendu le même service que Hermodore rendit autrefois aux Romains.

(2) M. Bouchaud, comme il nous l'apprend lui-même , ne l'a pas jugée indigne d'être en partie reproduite sous sa plume.

(3) *Fontes quatuor juris civilis*. Elle commence le troisième volume du *Thesaurus juris romani rariora opuscula continens*.

*nomen ? Cujus singularem ingenii præstantiam, judicium subtile, et imbutum omnibus disciplinis pectus, non modo nostri ordinis eruditi, sed et universa litteratorum respublica suspicit et admiratur.*

Le dernier auteur qui ait écrit en latin sur les Douze Tables, ce fut Pothier : il a adopté la distribution de J. Godefroi, substitué à sa paraphrase une interprétation plus moderne, évité quelques erreurs dans lesquelles il était impossible que ce savant n'eût pas été entraîné. Il nous a donné en même tems d'excellens commentaires, et dix-neuf lois adoptées par François Hottman et par Théodore Marcille, et rejetées par J. Godefroi ; mais il les a placées hors de la distribution générale. Pothier me paraît avoir le mieux saisi le véritable sens des lois décemvirales ; et s'il eût écrit en français, je ne tenterais peut-être qu'une dissertation sur quelques points seulement (*g*).

Avec des ressources aussi étendues, on se persuadera aisément qu'aujourd'hui rien n'est plus facile qu'un traité sur les Douze Tables. Ce serait pourtant une erreur : au milieu de ce dédale de textes, de leçons, d'interprétations, de commentaires où l'on a voulu fixer la véritable valeur de mots qui ne s'employaient

plus du temps même de Cicéron, où l'on a voulu expliquer des formules, des mœurs et des usages qui n'ont aucun rapport avec les nôtres, et qui même présentent une opposition frappante; entourés de recherches accumulées, de dissertations et de systèmes contradictoires, il est difficile de faire un choix. On cède quelquefois à l'autorité d'un grand nom, et l'on s'expose à l'inconvénient de propager une erreur que l'on aurait dû détruire. Souvent une interprétation donnée légèrement par un homme d'un grand mérite, a été répétée sans examen; le préjugé s'est formé, et, consacré par le temps, il a acquis tous les caractères de la vérité; et nous sommes obligés de dire avec Grosley (1) : « Combien d'au-
» torités, combien de citations, hasardées
» d'abord sans examen, reçues ensuite comme
» une monnaie courante parmi les savans,
» ont insensiblement acquis force de loi, et
» sont mises au rang des choses démontrées !
On verra la preuve de cette assertion dans les éclaircissemens que je donnerai sur quelques-unes des plus importantes lois des Douze

---

(1). *Recherches sur le Droit français*, page 147.

Tables, et combien il faut être en garde, même contre les systèmes les plus accrédités. Le plus sûr, au milieu de ces écueils, était de rechercher soi-même tous les fragmens et leurs preuves, de s'attacher scrupuleusement au véritable sens de chacune des expressions employées, de chercher l'interprétation d'abord dans le texte même, avant que de raisonner par analogie et d'appeler les conjectures à son secours, de déterminer ensuite son propre système, de le raisonner, et de le comparer enfin avec celui des autres, pour voir lequel est le mieux fondé; de même que les géomètres établissent d'abord leurs démonstrations avant d'examiner celles qu'on a données avant eux. Voilà comment j'ai procédé pour ma seconde partie, et ce qui m'a fait découvrir plus d'une erreur.

Il en est une que j'entends répéter souvent, quoiqu'elle ne se trouve que dans le seul Terrasson. Cet auteur a prétendu que l'exemplaire original des Douze Tables avait été écrit en langue osque, que, pendant plus de quatre cents ans, les Romains l'ont écrite et parlée, et qu'ils s'en sont servis pour la rédaction de leurs lois. Il va plus loin, et prétend restituer chacun des textes dans ce jargon antique et barbare, et dont une douzaine de mots, tout au plus, est venue jusqu'à nous. Des personnes qui, retenues par leurs occupations ou par leur indifférence, manquent de loisir ou de volonté pour consulter les autres ouvrages, s'arrêtant à celui de Terrasson, affirment, sans hésiter, ces fables ridicules, et s'exposent ainsi à la risée.

L'origine des Romains et leur premier idiome combattent et détruisent cet absurde système. Il est hors de doute que l'Italie, proprement dite (1), s'est peuplée et policée par les fréquentes transmigrations des Grecs : au témoignage uniforme des historiens les plus accrédités se joignent les noms de plusieurs peuples et de plusieurs villes, lesquels dérivent du grec. Il est également certain que des Troyens échappés au sac de leur ville sont venus s'établir dans le Latium, et les Troyens descendus des Grecs parlaient la langue de leurs vainqueurs (2). Salluste (3) dit que Rome

---

(1) Je la distingue de la grande Grèce.

(2) Dans *l'Iliade*, presque tous les noms propres des Troyens sont des mots grecs. Les assiégeans, dans leurs entretiens avec les assiégés, ne se servent jamais d'interprètes.

(3) *Catilinaires.*

a été bâtie par eux et par des naturels du pays, gens à demi sauvages, sans prince, sans police et sans lois, et qu'il appelle *Aborigènes*. Tous les historiens antérieurs à Tite Live et à Denys d'Halicarnasse donnent à cette ville les mêmes fondateurs; mais ils ne s'accordent point sur ce qu'étaient les Aborigènes: les uns veulent qu'ils soient les naturels du pays, d'autres les font venir de la Grèce. Toutefois il demeure certain que c'étaient les habitans du Latium (1).

Ainsi, quoi qu'il en soit de cette diversité d'opinions, on regardera toujours comme une vérité incontestable que les premiers Romains doivent, en grande partie, leur origine aux Grecs.

Il en est de même de leur première langue, à commencer par le nom de leur ville. Il vient du mot grec Ῥώμη, et suivant le dialecte dorien, Ῥώμα, qui signifie *robur* (*h*).

---

(1) Dans le premier cas, on les aurait ainsi nommés parce qu'ils étaient les premiers et les plus anciens du pays; comme si l'on disait : *Qui à primâ origine*; ou bien, en changeant l'*o* en *e*, on ferait venir leur nom d'*aberrare*, aller çà et là : ce qui semblerait confirmer l'opinion de Salluste. J'avoue que je préfère la première origine.

Pour distinguer les premiers élémens d'une langue, il faut, ce me semble, les chercher dans les objets que l'homme a besoin de nommer, avant même qu'il vive en société. Or ces noms primitifs dont se servaient les premiers Romains, je les vois presque tous tirés du grec. Personne ne contestera cette origine aux mots *deus*, *cœlum* et *sol*. Il en est de même pour ceux qui expriment des relations de famille et des rapports de parenté, tels que *pater*, *mater*, *filius*, *nurus*, *privignus*, *frater*, *avunculus*, et *noverca*. Les agriculteurs ont encore pris aux Grecs ces dénominations : *aër*, *bos*, *equus*, *arbor*, *malum*, *notus*, et *auster*. Je trouve la même origine à *nox*, à *dies*, ainsi qu'au verbe *fero*, au nombre *trois*, à la préposition *in* et au mot *nunc*.

Je pourrais donner ici une longue série de tous les termes ainsi dérivés, en y ajoutant les mots grecs auxquels ils se rapportent, ce qui ne manquerait pas de donner à mon ouvrage un air savant. Toutefois, je me contenterai d'en indiquer encore quelques-uns, sauf à prouver l'origine lorsqu'elle aura été contestée.

On doit remarquer que je n'ai pris pour exemple aucun des mots que, dans la suite, le commerce et la culture des sciences et des arts ont insensiblement introduits dans la langue latine. Voici maintenant ceux qui se trouvent le plus fréquemment employés dans les Douze Tables :

On a mal entendu le passage d'Aulu-Gelle, sur le mot *proletarius*, qu'on dit appartenir à la langue des Faunes et des Aborigènes : il vient visiblement de *proles*, et ce dernier mot est d'origine grecque. Il en est de même de *libra* et de *pendere*, dont on a formé le mot *libripens*, d'*uncia*, de *noxia*, de *fenus* ou *fœnus*, et de *jumentum*. *AEs*, *as*, *agnatus*, *gentilis*, quatre expressions qu'on ne trouve dans aucune autre langue, se sont encore formés du grec; de manière que tous les mots qui, au premier coup d'œil, semblent appartenir exclusivement à la langue latine, ont été apportés dans l'Italie par les Grecs qui sont venus s'y établir; et comme ils avaient d'ailleurs sur les naturels du pays l'avantage des lumières et de la civilisation, il n'est pas étonnant que leur idiome ait été adopté par ceux-ci.

Concluons donc que les peuples du Latium qui ont fondé la ville de Rome étaient en partie Grecs et en partie indigènes, et que la langue latine s'est formée de la langue grecque.

Quoique la langue osque ait été quelque chose de très-nouveau pour nous quand il a plu à Terrasson de l'exhumer, voyons néanmoins quel peuple la parlait.

Ce que nous avons de plus certain à cet égard, c'est qu'un petit peuple de la Campanie, lequel était très-ancien, prit le nom de son roi qu'on appelait *Oscus*. Ce mot, en langue toscane, veut dire *serpent*, et ce reptile était représenté sur les enseignes du roi. On serait porté à croire que c'étaient les anciens Tyrrhéniens : car Manéthon, que je trouve cité par Blaise de Vigenère, dit que Cœcule, surnommé le jeune Saturne, régna sur les Aborigènes, et que trois ans après les Tyrrhéniens eurent pour roi Oscus, qui portait un serpent pour emblème. Ainsi voilà déjà une preuve que les Osques n'ont pas été les pères des Romains, puisque c'était un peuple différent des Aborigènes.

Des étymologistes ont pensé que les Osques étaient les anciens Volsques. Ils se fondaient sur ce que *vol* était une particule qui signifiait *ancien;* mais, dans sa cinquième fable, Titinius, cité par Festus (1), fait mention de gens qui parlent osque et volsque, et ne savent pas le latin, ce qui fait bien deux langues et deux peuples différens. En second lieu, les *atellanes*, espèces de farces qui furent long-tems jouées à Rome, étaient des pièces osques, et Atella, ville où on les joua d'abord, est située dans la Campanie, entre Naples et Capoue; tandis que les Volsques étaient un petit peuple du Latium.

Le passage de Titinius, dont je viens de faire mention, suffirait peut-être pour prouver que les Osques et les Romains ne parlaient pas la même langue :

*Qui oscè et volcè fabulantur, nam* LATINÈ NESCIUNT.

Je crois cependant devoir ajouter, pour lever tous les doutes, qu'au rapport d'Aulu-Gelle le poète Ennius se vantait de connaître trois langues, le grec, le latin et la langue osque (2). Festus, en interprétant la vieille lan-

_______________________

(1) Qui place les Osques dans la Campanie. Voyez au mot *Mœsius.*

(2) *Quintus Ennius tria corda habere sese dicebat, quod loqui græcè, et oscè et latinè sciret.* Liv. XVII, chap. 17.

gue latine, nous indique quelques mots osques qui s'y sont glissés furtivement, mais en bien petit nombre : je ne vois guère que *mamers* pour *mars*, *mœsius* pour *mensis*, *maïus*, *pipatio* pour *clamor plorantis*, *veha* ou *veia* pour *plaustrum*, *sollo*, qui signifiait *totus*, et d'où est venu *solitaurilia*, *ungulus* pour *anulus*, *casnar* pour *senex*, *dalivum* pour *insanum*, *famel* pour *servus* (1), enfin *multa*, que nous écrivons *mulcta*, et qui appartenait également à la langue des Sabins. Il me semble que voilà deux peuples et deux langues bien différens.

Les Osques étaient fort méprisés à cause de leur grossièreté et de la dissolution de leurs mœurs. Leur nom même était devenu proverbe sous ce double rapport : car on disait assez ordinairement *osca lana*, pour exprimer une laine brute et pleine d'ordures ; et l'on désignait des jeux obscènes par ces mots *osci ludi* (2). Il paraît que leur principal commerce consistait en ouvrages de poterie qu'ils

-----

(1) Voilà des mots qui ont bien le goût de terroir, et que les Grecs n'auront pas été tentés de revendiquer.

(2) Peut-être aussi à cause des *Atellanes*.

façonnaient eux-mêmes, et qu'ils vendaient aux peuples voisins.

Comment donc imaginer que les Romains, nation demi-grecque d'origine, dont la langue était enrichie par celle d'Homère, auront, pendant quatre siècles, emprunté pour la rédaction de leurs lois le jargon barbare d'un petit peuple méprisé, dont le nom devenait une injure ?

Je crois que ce qui aura induit en erreur Terrasson, c'est qu'en effet les deux dernières Tables, rédigées sous le second décemvirat, et dont les dispositions étaient moins agréables, comme moins favorables au peuple, ont été appelées *Oscæ Tabulæ*; mais c'était un terme de mépris, qui même faisait assez voir qu'on n'aura point employé la langue osque dans la rédaction de ce code pour lequel en général la vénération des Romains a été si grande. Ils avaient d'ailleurs, à cette époque, beaucoup d'estime pour une autre langue : c'était celle des Toscans. « Je vois dans nos an-
» nales, dit Tite Live (1), que l'on faisait
» alors étudier la langue étrusque à la jeu-

______

(1) Livre IX.

» nesse romaine, comme on lui fait mainte-
» nant apprendre le grec. »

On s'étonnera peut-être de ce que j'établis ainsi mes preuves, sans m'occuper de réfuter celles de Terrasson. La raison en est simple : il n'en donne aucune. Il avance, comme certain, ce point dont je viens de démontrer la fausseté, et il part de là, avec une étonnante assurance, pour restituer, dans ce qu'il appelle la *langue osque*, non seulement les lois royales, mais encore tous les fragmens des Douze Tables ; et, par ce travail même, il nous prouve que sa langue favorite n'est autre chose que l'ancienne orthographe des Latins.

A l'aide de divers monumens, il nous indique à quels caractères nous devons reconnaître la *langue osque*. En voici quatre seulement qui suffiront pour faire voir combien il a erré.

Les anciens Romains écrivaient *en* pour *in* préposition. Ils se servaient du *k* au lieu du *c* ; ils mettaient en *aï* la diphthongue *œ*, et ils employaient, au lieu du *z*, le *d* suivi d'un *s*, de manière que pour *Mezentius* on écrivait et l'on prononçait *Medsentius*.

Mais qui ne voit que ces quatre caractères appartiennent à la langue grecque, et non point au jargon des Osques? Les Latins ont long-tems écrit comme les Grecs la préposition *in* qu'ils leur avaient empruntée; la diphthongue *aï* vient également d'eux; le *k* est leur *κ*, et le *d* suivi du *s*, leur *ζ*, qu'ils prononcent *dsêta*.

Il me suffira au surplus d'un seul exemple pour prouver que notre auteur, croyant écrire dans la langue osque, ne fait qu'imiter l'ancienne orthographe des Romains. Voici dans quels termes Aulu-Gelle rapporte la quatrième loi de la première Table :

SI MORBUS ÆVITAS-VE VITIUM ESSET QUI IN JUS VOCABIT JUMENTUM DATO SI NOLET ARCERAM NE STERNITO.

« Dans l'ancienne langue osque, dit Terras-
» son, le texte devait être construit ainsi :

« SEI. MORBOS ÆVITA'. VE. VEITIOM. ESIT.
» QU'IN. JOUS. VOCABIT. JUMENTO. DATOD.
» SEI. NOLET. ARCESA. NEI STERNITOD. »

On voit qu'il n'y a ici qu'une différence très-légère dans l'emploi de quelques lettres, que les mots restent toujours les mêmes, et que par conséquent c'est absolument la même langue. Quant à l'orthographe, il faudrait n'avoir jamais lu Quintilien (1), pour ne pas savoir que c'est celle des anciens Romains. Aussi j'ai cru d'abord que Terrasson confondait la langue osque avec l'ancienne langue latine, et que ce n'était qu'une erreur de nom ; mais il s'explique ensuite d'une manière positive et distingue les deux idiomes (1).

M. Bouchaud, trop savant pour donner dans une pareille bévue, adopte dans ses textes cette vieille orthographe, et il nous en parle dans la première section de la troisième partie de son discours préliminaire, laquelle il intitule ainsi : *S'il est possible et s'il est de quelque utilité de restituer l'ancienne langue de la loi des Douze Tables.* Il ne dit pas un mot de cette utilité, que cependant il se proposait d'examiner. Quant à la possibilité, il ne la démontre pas ; mais il donne les instructions et indique les procédés qu'il faut suivre.

Je ne crois point à cette possibilité, et je m'explique.

Ce n'est que graduellement et par intervalles qu'une langue se polit et se perfectionne. La

______

(1) Livre I.

culture des sciences, des lettres et des beaux-arts, l'enrichit insensiblement d'expressions figurées, de locutions proverbiales, et de mots plus harmonieux. Des termes deviennent surannés; on leur en substitue d'autres qui, même quelquefois, sont loin de les valoir. Lisez attentivement Malherbe et Corneille, vous serez étonné des pertes qu'a faites notre langue, tandis qu'elle s'enrichissait d'ailleurs. Mais quel peuple a jamais consigné dans ses fastes les diverses époques du néologisme? Dans quel siècle et dans quelle année tel ou tel mot a-t-il cessé d'être en usage, tel ou tel autre a-t-il été introduit? Voilà le point essentiel, et qu'il est impossible d'éclaircir. Je n'ai pas besoin de dire qu'il en est de même de l'orthographe, et qu'elle subit également des changemens et des modifications insensibles, auxquelles on ne peut assigner une époque déterminée.

Ceci est encore plus vrai pour la langue que parlaient les Romains avant le siècle d'Ennius. Cette langue, formée d'abord par les Grecs et les Aborigènes, a dû s'augmenter de quelques-unes des expressions dont se servaient les peuples qui ont été agrégés au peuple romain, ou à mesure qu'un étranger, ayant quelque ascendant par ses lumières, est venu s'établir à Rome. Quelques mots samnites, étrusques, osques même, auront été insensiblement adoptés, et la langue des Sabins plus que les autres; d'abord, lors de la paix avec le roi Tatius et de la réunion des deux peuples; et ensuite, lorsque le premier Appius Claudius, suivi de trois mille Sabins, est venu s'établir à Rome. (*k*).

Tarquin l'ancien, fils de Démarate, et originaire de Corinthe; Hermodore et d'autres personnages également illustres, auront aussi, à différentes époques, enrichi la langue latine, jusqu'au moment où l'étude du grec, devenue universelle, a opéré une révolution plus générale.

Appius Claudius Centum-manus, dont j'ai parlé dans un autre endroit, a aussi opéré des changemens dans l'orthographe; mais on n'en connaît pas l'étendue. Les uns prétendent qu'il a inventé la lettre *r*, et qu'elle était inconnue avant lui; d'autres pensent qu'il n'a fait qu'en étendre l'usage (*l*). Et comme il est postérieur aux décemvirs, on ne peut savoir dans quels mots, du tems de ces derniers, on employait cette lettre, et dans quels autres le *s* lui était substitué.

Nous n'avons point d'écrits antérieurs à

Ennius. Les fragmens de ce poète ne nous ont été transmis que par des écrivains plus modernes. Quels seront donc les monumens que l'on consultera ? Varron et Festus, qui vivaient dans un tems où la langue latine faisait les plus grands progrès, ont connu la nécessité de fixer la valeur des termes qui cessaient d'être en usage , et dont la connaissance était nécessaire pour l'intelligence des anciens auteurs. Nous avons les mêmes obligations à plusieurs autres savans grammairiens ; mais le plus ancien de tous vivait quatre cents ans après les décemvirs ; ainsi nous ne pouvons savoir si les vieux mots que nous trouvons dans ces vocabulaires , d'ailleurs incomplets , étaient en usage du tems des Douze Tables. Il y avait d'ailleurs des termes consacrés aux lois , et dont ne se servaient ni les poètes, ni les historiens ; et, faute de connaître cette différence, on courait les risques d'en introduire dans les Douze Tables qui eussent été rejetés par les décemvirs.

Voilà pour l'emploi des mots ; voyons maintenant pour l'orthographe.

Il est certain que Cicéron et Festus, en nous donnant quelques textes , tels qu'ils étaient dans les Douze Tables, ne les ont pas écrits de la même manière que les décemvirs ; et les manuscrits les plus anciens qui soient venus jusqu'à nous, ne nous donnent aucune lumière pour imiter cette orthographe antique. Ce sont donc d'autres monumens qu'il faut consulter.

Et à cet égard, quelle confiance pouvons-nous avoir dans la plupart d'entre eux, lorsqu'ils sont d'une fausseté aujourd'hui démontrée, mais qui a trompé long-tems l'œil du savant le plus exercé (*m*) ? On a trois guides que l'on regarde comme assurés : 1º une colonne élevée, en l'honneur de Duilius, l'an 494 de la fondation de Rome ; 2º une inscription faite, deux ans après, en l'honneur de Scipion, fils de Barbatus ; 3º le sénatus-consulte qui interdit les bacchanales, et qui date de l'an 568 de Rome. Mais que trouvons-nous dans ces monumens ? l'orthographe usitée à Rome sur la fin du cinquième siècle, c'est-à-dire près de deux cents ans après les Douze Tables. Toutefois, qui nous garantira que ce soit la même, et que deux siècles n'ont apporté aucun changement dans la manière d'écrire, lorsque nous savons que le tems d'Appius Claudius Centum-manus est placé dans cet intervalle ?

Et c'est ici que M. Bouchaud ne me paraît

pas d'accord avec son propre système. Il se
fonde sur le texte de Pomponius pour prétendre que le *r* était inconnu aux Romains
avant Appius Claudius Centum-manus ; alors
bien certainement cette lettre ne doit pas se
trouver dans les textes des Douze Tables. Cependant M. Bouchaud écrit *proletariod, rem,
orantod, ortu, torod, præsented*, tandis que
dans son sens il devrait mettre *psoletasiod,
sem, osantod, ostu, tosod, psœsented*.

Sur d'autres points encore, il me paraît s'é-
carter des données qui devraient le guider. Il
nous dit, par exemple, qu'avant le siècle d'Ennius les Romains ne redoublaient point les
consonnes, et qu'ils écrivaient *ocisus* pour *occisus, ese* pour *esse* ; il devrait ajouter qu'il
en était de même des voyelles, et même des
syllabes entières, qui, se rencontrant, n'é-
taient jamais écrites deux fois de suite, et donnaient lieu à une élision. Dans ce cas, il faut,
à l'exemple de J. Godefroi, écrire ainsi la
première loi :

*SIN JUS VOCAT QUEAT;*

tandis que M. Bouchaud écrit *vocat at que eat*.

Il est certain que l'*i* consonne était inconnu
aux Romains, et qu'ils écrivaient et pronon-

çaient *ious ;* cependant je trouve cette lettre dans les textes de M. Bouchaud ; ce qui me paraît contraire à l'opinion reçue.

Les Romains prononçaient en *ou* tous les *u ;* mais, par une bizarrerie qui tenait sans doute à l'usage, ils ont écrit *ious* et *dominus, trinum noundinum, plous, tribus.* Je trouve encore de suite ces deux mots : *œdem bellonai,* au lieu de *aidem bellonai,* ou de *œdem bellonæ.* Avant l'invention du *x*, on se servait d'un *c* suivi d'un *s,* ce qui ne changeait rien à la prononciation ; ainsi l'on écrivait *vicsit* pour *vixit ;* cependant je trouve dans des monumens *vixsit.* Il était assez ordinaire d'ajouter un *d* aux mots qui finissaient par une voyelle : Terrasson veut que cela n'ait eu lieu que pour distinguer les ablatifs. Je trouve le *d* employé dans d'autres cas ; je le trouve aussi ajouté à des prépositions, *extrad, suprad.* Dans le même monument je trouve encore *in agro,* au lieu de *in agrod ; ita, ubi, viri,* au lieu de *itad, ubid, virid* (n).

Que conclure de tout ceci ? Que l'on n'a rien de certain touchant les différentes époques où il s'est opéré des changemens dans l'orthographe des Romains ; qu'on ne peut déduire aucune règle générale des monumens

consultés, et qu'ils offrent au contraire beaucoup d'exceptions dont on ignore les motifs.

Il est donc impossible d'appliquer à d'autres
mots l'orthographe dont on trouve des exemples, et plus impossible encore de connaître,
d'une manière certaine, celle qui était en usage
du tems des décemvirs.

Au surplus je ne vois pas que cette impossibilité soit faite pour exciter les regrets des savans et des jurisconsultes. Ceux-là ne peuvent
désirer des lumières sur la manière d'écrire
des anciens Romains, que pour s'en aider si
quelque inscription nouvelle venait s'offrir à
leur curiosité ; dans ce cas, ce ne serait point
dans la tournure antique que des modernes
donneraient aux Douze Tables qu'on irait
chercher les instructions nécessaires, mais
bien dans les sources que ceux-ci auraient
consultées.

Quant aux jurisconsultes, ce qu'ils désirent
de connaître, ce sont les dispositions mêmes
de la loi : peu leur importe sous quelle forme
chaque mot était représenté. Ils aimeront cependant à retrouver, dans l'énoncé des dispositions dont nous n'avons plus que le sens, ce
beau laconisme des textes primitifs ; mais le
savant Godefroi ne laisse rien à désirer à cet

égard. Faire plus qu'il n'a fait, c'est surcharger les mots de lettres inutiles, qui en rendent la lecture moins facile et moins agréable. Quant à moi, j'ai cru devoir écrire tous les textes de la même manière que nous les prononçons aujourd'hui : seulement je n'y ai introduit aucune ponctuation.

Il me reste à donner une dernière explication.

Je ne donne, dans la seconde partie de cet ouvrage, que les textes adoptés par J. Godefroi (1). Cependant je suis loin de croire qu'ils soient les seuls qu'on puisse proposer ; et je pense même que l'on pourrait porter au double cette utile collection.

J'avoue toutefois qu'il en a été présenté qui, bien certainement, n'ont pas dû faire partie des Douze Tables ; mais voyons s'il n'en est pas d'autres que l'on pourrait appuyer de quelques preuves.

On reconnaîtra, dans mes explications sur la seconde loi de la cinquième Table, que les *Institutes* nous offrent une source dans laquelle nous pourrions puiser des règles sur le partage

---

(1) Ce parti a été aussi adopté par M. Bouchaud.

des successions, et sur les qualités requises pour succéder. En présentant des textes sur ces indications, qui ne peuvent tromper un esprit exercé et judicieux, on complèterait d'autant cette cinquième Table, qui, dans son état actuel, ne contient que sept lois seulement.

Les dispositions qui soumettent les femmes à la tutelle doivent également se trouver dans le code des décemvirs. Un examen attentif de la jurisprudence des préteurs et des lois portées pendant l'existence de la république, ferait encore découvrir d'autres dispositions qui concernaient le droit civil.

Il n'y a point de doute que les lois *sacratæ*, lesquelles concernaient la personne des tribuns, ont été introduites dans les Douze Tables. Il serait facile de prouver cette vérité par l'autorité de Tite Live. Il doit en être de même des lois qui concernaient les grandes magistratures. Cicéron dit positivement, dans son traité *de l'Orateur*, que les décemvirs ont mis dans leur code toutes les lois qui étaient relatives à la constitution de la république. Ne pourrait-on pas, à l'aide des historiens, découvrir et restituer ces lois ?

Si nous avions le traité de Cicéron intitulé *de Republica*, et ce qui nous manque de son traité *des Lois*, nous y trouverions sans doute encore un grand nombre de textes que nous ne pourrons jamais recouvrer. Néanmoins une étude profonde et réfléchie de ce jurisconsulte philosophe nous ferait faire d'utiles découvertes.

Toutefois, je ne me dissimule pas la difficulté de cette entreprise : elle consiste dans des lectures souvent réitérées des *Institutes*, du *Digeste*, de tous les ouvrages de Cicéron , ainsi que de Tite Live , de Denys d'Halicarnasse, et de plusieurs autres : lectures faites dans un seul esprit dont il ne faudrait pas s'écarter. Il faudrait ensuite, à l'exemple de J. Godefroi, se familiariser avec la vieille langue latine , et proposer les textes. Mais que produirait à son auteur ce travail immense, pénible, et d'autant plus difficile, qu'il serait souvent distrait et arrêté dans sa marche par des beautés sans nombre, et qui, étrangères à son unique objet, le lui feraient perdre de vue? Quel fruit retirer d'une telle entreprise, dans un tems où mille productions frivoles captivent l'esprit du lecteur, et le rendent insensible aux beautés sévères d'un travail savant et philosophique ? Il faudrait avoir acquis un nom dans les lettres, et assez d'estime dans l'esprit

du public pour commander à son attention,
et le contraindre à la reconnaissance. Pour moi,
qui n'ai point à produire ces titres, je dois me
borner à ce faible essai : puisse-t-il faciliter
aux jeunes gens l'étude des antiquités du droit
romain , épargner des recherches longues et
pénibles au jurisconsulte qui exerce dans le
barreau, donner à l'homme du monde des notions toujours utiles , et obtenir le suffrage
des savans !

# NOTES

## SUR LA PREMIÈRE PARTIE.

---

(*a*) CE fut un homme bien étonnant ; peu estimé dans les armées, à Rome il était craint et respecté. Il fut moins illustre par le consulat que par ses autres magistratures. S'il se présentait à la tête des troupes, il était presque baffoué, et on le renvoyait à Rome exercer la préture. Les mêmes hommes tremblaient devant son tribunal s'ils avaient commis une injustice, et en approchaient avec confiance si leur conscience était tranquille. Il fit faire de grands progrès aux lettres et à la jurisprudence : il fit construire un aqueduc, et cette belle route qui, de son nom, fut appelée la *voie appienne* ; et le trait le plus extraordinaire de sa vie, ce fut le courage et même l'obstination avec lesquels il sut doubler le tems de sa censure, malgré la vive opposition du sénat et du peuple.

(*b*) La première des autorités qu'il invoque est celle de Valère Maxime, dont il rapporte ce passage : *Jus civile per multa sæcula inter sacra ceremoniasque deorum immortalium, solisque pontificibus notum, Cn. Flavius, libertino patre genitus, et scriba, cum ingenti nobilitatis indignatione factus ædilis curulis, vulgavit ; ac fastos pene toto foro exposuit.* Ainsi il ne publia point les lois royales, comme l'a faussement prétendu Terrasson, mais seulement le droit civil, qui, depuis long-tems, était renfermé avec les lois qui concernaient la religion ; et tout le monde sait que par ces mots *jus civile*, on entendait les actions de la loi, *actiones legis*, c'est-à-dire les formules de la procédure, et non la loi elle-même.

Voici, au surplus, ce que Tite Live nous apprend de Flavius. Son témoignage est d'autant plus précieux, qu'il se trouve conçu, presque tout entier, dans les mêmes termes que celui de L. Pison, rapporté par Aulu-Gelle (1), avec cette différence cependant, que Pison ne parle ni du droit civil, ni du calendrier publié par Flavius, quoique Terrasson se le soit imaginé.

« La même année, dit Tite Live (2), Cn. Flavius, » scribe, fils de Cnéius, parvint à l'édilité curule. » Né dans une famille obscure, et fils d'un affranchi, » c'était néanmoins un homme artificieux et éloquent. » Je découvre dans quelques annales qu'il servait » d'appariteur aux édiles, quand une tribu le proposa » pour être édile lui-même ; mais que, comme on ne

_____

(1) Liv. VI, chap. 9.

(2) L'an de Rome 449, P. Sulpicius Saverrion et P. Sempronius Sophus, Coss.

» voulut point agréer son nom qu'il avait déjà écrit
» avec celui des autres candidats, il jeta de dépit ses
» tablettes, et protesta qu'il ne ferait plus les fonc-
» tions de secrétaire. Macer Licinius pense qu'aupa-
» ravant il avait déjà exercé le tribunat, et que deux
» fois il avait été nommé triumvir, d'abord pour les
» accidens nocturnes, et ensuite pour l'établissement
» d'une colonie. Au surplus, on s'accorde à dire
» qu'il tint tête aux patriciens, quoiqu'ils lui mon-
» trassent du mépris, à cause de la bassesse de son
» origine.

» Flavius publia le droit civil, que les pontifes
» avaient tenu secret jusque-là. Il afficha les *Fastes*
» dans le Forum, afin que chacun pût connaître les
» jours où il était permis de porter une action en jus-
» tice. Malgré l'excessive envie que lui portaient les
» nobles, il fit la dédicace du temple de la Concorde,
» bâti dans la place de Vulcain. Le grand pontife Bar-
» batus voulait faire valoir l'ancien usage, qui n'ac-
» cordait cet honneur qu'à un consul ou à un général
» d'armée; mais le peuple avait donné son consente-
» ment, et il se vit forcé de dicter la formule de la
« dédicace. Néanmoins, sur la réquisition du sénat,
» un plébiscite ordonna qu'à l'avenir nul ne pourrait
» consacrer un temple ou un autel, sans la permis-
» sion du sénat ou de la majorité des tribuns.

» Voici un autre trait peu mémorable en soi, mais
» qui fait voir avec quelle liberté les plébéiens bra-
» vaient l'orgueil de la noblesse. Un jour qu'il était

» allé rendre visite à son collègue malade , il le trouva
» environné de jeunes patriciens , qui tous affectèrent
» de ne point se lever quand il parut. Flavius fit ap-
» porter sa chaise curule , s'assit, et de ce siége
» d'honneur il se donna le plaisir de regarder fière-
» ment ces hommes jaloux de son élévation. » *Lib. IX,
in fine.*

Terrasson , en donnant une fausse interprétation à
un passage de Pline , prétend que les patriciens jetèrent
leurs anneaux de dépit , parce que Flavius avait rendu
public le droit civil. L'insupportable orgueil de ce fils
d'affranchi fut le seul motif qui fit négliger à plusieurs
d'entre eux les marques extérieures qui les distinguaient des autres hommes. Tite Live ajoute à ce que
je viens de rapporter : *Tantumque Flavii comitia indi-
gnitatis habuerunt , ut plerique nobilium annulos aureos et
phaleras deponerent.* Au surplus , ce Flavius ne fut pas
autrement célèbre que par son infidélité ; car il ne sut
pas même donner aux formules qu'il avait dérobées un
ordre méthodique. C'est ce que témoigne Cicéron ,
traité *de l'Orateur* , liv. Ier. Il faut convenir néanmoins
que ce ne fut pas par un motif bien louable que l'on
fit un secret aux particuliers d'une science d'où dépen-
dait la sûreté de leurs fortunes.

(c) Je m'aperçois que la crainte d'entrer dans trop
de détails m'a fait omettre les noms des décemvirs , ce
qu'il serait difficile de tolérer dans un écrit sur les
Douze Tables.

Les voici tels qu'ils sont rapportés dans les Tables de Contius :

An 302 de Rome.

*App. Claudius,*
*T. Genutius,* } consuls désignés, et qui avaient abdiqué de leur propre mouvement.

*P. Sextius.*
*Sp. Veturius.*
*C. Julius Julus.*
*A. Manlius,*
*Ser. Sulpicius-Camerinus,* } députés en Grèce.
*Sp. Posthumius Albus,*
*P. Horatius.*

*T. Romilius Vaticanus*, qui avait été condamné à l'amende pour s'être opposé aux demandes du peuple pendant son consulat, et qui finit par appuyer le projet de la loi *Terentilla*.

An 303.

*App. Claudius.*
*L. Minutius Augurinus.*
*M. Cornelius-Maluginensis.*
*M. Sergius.*
*Q. Fabius Vibulanus.*
*Q. Pætilius.*
*T. Antonius Merenda.*
*Cæso Duillius.*
*Sp. Oppius Cornicen.*
*M. Rabuleius.*

L'opinion commune veut que plusieurs plébéiens aient fait partie du second collége.


( *d* ) Bonamy ne croit point à l'authenticité de cette lettre. J'avoue que mes recherches ne m'ont rien donné de certain à cet égard. Il est hors de doute qu'Hermodore était dans Ephèse un citoyen illustre, et qu'il subit l'ostracisme, si fatal aux grands hommes dans toute la Grèce ; ce qui faisait dire au *philosophe ténébreux* que tous les Ephésiens devraient être étranglés pour avoir chassé un si honnête homme. On croit qu'il réunit dans un recueil les lois de divers peuples. Il vint à Rome en l'an 300 de la fondation de cette ville, et l'on pense que ce fut lui qui conseilla aux Romains d'envoyer chercher les lois de la Grèce. En effet, l'opiniâtreté de Romilius qui fléchit soudain, et les plus fermes d'entre les patriciens qui cèdent après une longue résistance, font assez croire à de sages avis qui leur auront été donnés par quelqu'un d'étranger au sénat.

Voici à peu près le mot à mot de cette lettre d'Héraclite :

« J'ai vu, dans un songe, tous les rois de la terre
» venir se prosterner devant tes lois, et, dans un
» silence religieux, les adorer à la manière des Perses,
» tandis qu'elles se maintenaient dans une imposante
» majesté. »

L'auteur de cette lettre, quel qu'il soit, ne voyait

pas les Douze Tables comme on l'a fait depuis cin-
quante ans.

On a aussi appliqué à Hermodore un vers de la Si-
bylle, dont voici le sens :

*L'Ionie chassera un sage, qui se retirera sur les terres
d'Italie.*

On a traduit le mot grec ἐξήσει par *millet*. Je crois
qu'il a une signification plus étendue, et telle que je
la lui donne ici.


(*e*) Rien ne me paraît beau comme la manière dont
Cicéron raconte la mort de Crassus (1).

Il était dans la force de l'âge, et mourut d'une
fluxion de poitrine dont il fut attaqué en sortant du
sénat, où il venait de haranguer contre Philippe avec
une grande force d'esprit et de courage. Après avoir
rapporté un passage de son discours, Cicéron s'écrie :
« Ce fut le chant du cygne pour cet homme vraiment
» divin, dont nous croyons voir l'ombre errer dans la
» tribune, et dont il nous semble entendre encore la
» voix. O fallacieuses espérances ! ô fortune fragile !
» ô vanité de nos travaux et de nos disputes ! nous
» faisons naufrage au milieu de notre course et avant
» que d'avoir aperçu le port. »

Puis, se consolant de ce que Crassus n'a pas été témoin des proscriptions de Marius, et considérant sa
mort comme un bienfait des dieux : « Il n'a pas vu,

_______________

(1) Liv. III *de l'Orateur.*

» dit-il, l'Italie embrasée par la guerre, le sénat dé-
» chiré par l'envie, les premiers des Romains devenir
» criminels. Il n'a pas vu le deuil de sa fille et l'exil de
» son gendre, la fuite cruelle de Marius, son retour
» plus cruel encore, et fatal à cette ville bouleversée
» par tous les genres de crimes, autrefois si floris-
» sante, et le théâtre de sa propre gloire.

» En effet, qui de nous a pu mettre en oubli la
» proscription de tant de personnages illustres ? Q. Ca-
» tulus, qui s'était élevé jusqu'alors au milieu d'un
» concert universel de louanges, comme il demandait
» en suppliant, non la conservation de ses biens,
» mais seulement un exil, se vit forcé de mettre fin
» lui-même à sa vie. Sur cette même tribune où
» M. Antonius avait défendu la république pendant
» son consulat, et que, durant sa censure, il avait
» ornée de la dépouille des ennemis, on exposa sa tête
» sanglante au milieu de celles d'une multitude de
» citoyens. Non loin de là, on vit celle de L. Julius,
» gisante avec la tête de C. Julius, son frère, livré
» par un Toscan qui n'eut point honte de trahir son
» hôte. Crassus, qui n'a pas eu à gémir sur tant
» d'horreurs, a vécu avec la république, et il est
» mort avec elle. Il n'a point vu P. Crassus, ce pa-
» rent magnanime, se tuer de sa propre main, et le
» souverain pontife (1), son collègue, rougir de son
» sang l'image de Vesta. »

_______________

(1) Il paraît que c'était Mérula, le même qui prit la précau-

(*f*) Plutarque, dans sa *Vie de Caton*, raconte cette ambassade ; mais il ne nous donne que le nom de deux de ces philosophes. Aulu-Gelle, liv. VII, chap. 14, nous apprend quel était le troisième, et les sectes qui les distinguaient. Au surplus, j'ai copié tout ce qui est marqué par des guillemets dans l'excellente notice de M. Chardon-la-Rochette sur Panœtius, désespérant de pouvoir égaler cette facilité et ces grâces qui lui sont naturelles.

(*g*) Je ne parle point ici de ceux qui ont écrit en français sur les Douze Tables ; je n'en connais que trois. Dans ma note préliminaire, je me suis déjà expliqué sur le travail de M. Bouchaud ; on connaît suffisamment Bonamy par ce que j'en ai dit plus haut ; et quant à Terrasson, il est question de lui dans tout mon ouvrage.

(*h*) D'autres composent ce nom de *robur* et de *maximum*, dont ils prennent seulement la première syllabe. Ce serait là sans doute ce nom mystérieux que les Romains avaient donné à leur ville, et que la religion leur défendait de révéler. Si *maximus* est un mot purement latin, *robur* appartenant à la langue grecque, on pourait voir, dans la composition du nom de Rome,

---

tion d'attester par écrit qu'il s'était dépouillé de ses ornemens de pontife, afin de ne point les profaner en se donnant la mort.

un emblème de l'origine et de l'union des deux peuples qui l'ont fondée.

(*i*) Je supprime ici beaucoup de détails dans lesquels j'étais entré en voulant suivre Terrasson, qui nous donnait, pour les caractères particuliers auxquels on doit reconnaître la langue osque, toutes les variations qu'a éprouvées l'orthographe des Latins. Il ne s'agit que de quelques lettres qu'on employait pour d'autres, et des consonnes qui n'étaient point redoublées : à cet égard, Quintilien ne laisse rien à désirer. Terrasson, frappé de la singularité de cette orthographe, qu'il prend pour son idiome imaginaire, la justifie en disant que le petit peuple du pays lyonnais prononcerait encore aujourd'hui *tama* pour *tam*, les Gascons, *ocisus* pour *occisus*, parce qu'ils disent *acent* au lieu d'*accent*. Il observe en outre que les personnes qui grasseyent parlent aussi la langue osque ; car elles disent *libesum* pour *liberum*, *macistratum* pour *magistratum* et *præstase* pour *præstare*. Il faut convenir que voilà une foudroyante érudition.

(*k*) Les Toscans, les Samnites, les Sabins, les Latins, avaient chacun un idiome particulier, ainsi que toutes les autres petites nations qui peuplaient l'Italie, et dont le territoire s'étendait rarement au delà de deux lieues. Cela paraît difficile à croire relativement aux Sabins, dont une partie a été agrégée à la nation romaine dès le temps de Romulus. Cependant, d'après le témoignage des historiens, on ne voit qu'un seul peuple qui ait parlé la langue des Romains, ce sont les Latins. Tite Live, faisant le récit de cette guerre si célèbre par le dévouement du premier Décius, dit que ce qui en rendait le succès plus incertain, c'est que les deux armées parlaient le même langage, circonstance qui ne se rencontrait point dans les autres guerres.

(1) S'il faut dire ce que je pense, je crois très-fermement que le *r* était en usage parmi les Romains dès le commencement, et qu'ils n'ont jamais écrit ni prononcé *Soma* et *Somulus*, mais bien *Roma* et *Romulus*; seulement ils évitaient souvent de se servir de cette lettre, qu'ils appelaient *canine*, et dans la prononciation de laquelle ils trouvaient quelque chose de rude; ils écrivaient donc *honos*, *labos*, *arbos*, pour *honor*, *labor* et *arbor*, ainsi que nous l'apprend Quintilien, et comme l'a remarqué saint Isidore; mais on voit par ce dernier mot que, dans ce tems-là même, le *r* ne leur était pas tout-à-fait inconnu.

C'est dans la loi II, ff. *De origine juris*, que l'on a cru voir que cette lettre n'avait pas été introduite dès l'origine dans l'alphabet romain; et ceux qui rejetaient ce système ont mieux aimé dire des injures à Pomponius, que d'examiner sérieusement son texte. Gravina s'explique ainsi sur cette seconde loi : *In qua non raro scriptoris diligentia ne dicam, an historiarum cognitio desideratur? ut non mirum, si ab eruditis non paucis ea lex Pomponio adjudicetur.*

Gravina ne prévoyait point à cette époque le jugement que l'on porterait sur lui-même en ces termes (1) : *Solidissima est Gravinæ doctrina , eruditio minimè vulgaris , judicium rectum , politissimus stylus. Sed si ab hac corniculâ Ant. Augustinus , Jac. Gothofredus , et praetereà duo tresve alii suas plumas repetant , omninò nuda manebit. Eruditis certè movebit risum.*

Mais pour revenir à Pomponius, je ne crois pas que le titre du *Digeste , De origine juris,* contienne une seule erreur historique ; et certes, il serait facile de justifier toutes les assertions qu'il contient. Voici au surplus le passage relatif à la lettre *r* : *Idem* (Appius Claudius Centum-manus), *qui videtur ab hoc processisse , r litteram invenit : ut pro* Valesii , Valerii *essent , et pro* fusiis, furiis.

On a écrit *fusius* avant *furius* ; et *Valesius* avant *Valerius* ; c'est une vérité de fait dont déposent Quintilien et Tite Live ; ainsi Pomponius n'a point commis d'erreur à cet égard ; mais il n'affirme pas positivement que Centum-manus ait inventé le *r* ; il dit seulement qu'on le pense, qu'on l'augure, qu'il est censé l'avoir fait. C'est dans ce sens qu'il faut entendre *videtur ,* et c'est dans ce sens qu'il est employé dans les lois.

Ainsi ce savant homme , qui d'ailleurs avait déjà marqué par tant de travaux utiles , aura vaincu l'aver

---

(1) J'ai vu cette note écrite de la main du président Bouhier sur un exemplaire de l'édition publiée en 1708. Il y ajoute cette indication : *Greg. Mæjansius, epist.,* page 289.

sion que les Romains avaient pour cette lettre ; il en
aura étendu l'usage, et il en aura été considéré comme
l'inventeur ; c'est tout ce qu'a voulu dire Pomponius.

(*m*) Parmi les monumens de ce genre, il en est un
que je ne puis me dispenser de citer ; il date du tems
même des décemvirs, et il a des rapports bien directs
avec eux ; c'est l'épitaphe de Virginie. Elle a été trouvée à Rome sur un marbre qui semblait offrir tous les
caractères de la plus haute antiquité ; mais il est impossible de n'y pas reconnaître la main d'un moderne.
La voici :

VIRGINIUS. FIL. MEÆ. CARISS.

VIRGINLÆ. NIMIAM. OB. PIETA—

TEM. PROPRIIS. MANIBUS.

INTEREMPTÆ. PROH. DOLOR.

QUANTUM. FUIT. CARISSIMA.

VIX. ANN. XVI. JUVENTUTIS.

EJUS. MENS. V. D. III.

(*n*) M. Bouchaud écrit encore constamment *ese* pour
*esse*. Cependant, dans l'inscription de Scipion, je trouve
la consonne redoublée. Il met aussi *endo* pour *in*, et
*in* se trouve deux fois sur la colonne de Duilius. On y
voit également le *x* au lieu du *c*, suivi du *s*, ainsi
que des mots terminés par une voyelle, et auxquels le
*d* n'est point ajouté ; enfin *que*, *artisvmad*, *dvilios*,
*urbem*, *lvceis*, *cvmque*, *dvxet*, ne sont point accom-
pagnés d'un *o* ; ce qui empêche d'établir une règle
générale.

FIN DE LA PREMIÈRE PARTIE.

# SECONDE PARTIE.

—

FRAGMENS CONSERVÉS, TELS QUE LES SAVANS EN ONT PROPOSÉ LES TEXTES. — PREUVE DE CHACUN D'EUX. — EXPLICATIONS SUR LES LOIS QUI EN SONT SUSCEP-TIBLES.

# CONCLUSION

## SUR LES LOIS

# DES DOUZE TABLES.

## TABLE PREMIÈRE.

### DE LA MANIÈRE D'APPELER EN JUSTICE.

### I.

Sɪ in jus[1] vocat[2] atque[3] eat.

Si quelqu'un est appelé en justice, qu'il s'y rende à l'instant.

Cicéron, *Traité des Lois*, liv. II, dit : « Nous avons » appris dès l'enfance à appeler loi cet énoncé et d'au-- » tres semblables : *Si in jus vocet atque eat*, » ce qui ne prouve pas suffisamment que ce passage appartienne aux lois décemvirales; mais plus loin il ajoute: « Dans

---

(1) *Quis aliquem* sous-entendu. (2) *Vocatus* sous-entendu. (3) Pour *illicò*.

» notre jeunesse on nous faisait apprendre de mémoire
» les Douze Tables , comme quelque chose de très-
» nécessaire , » et ceci complète la preuve.

## II.

**Ni it** [1] **antestamino igitur** [2] **em** [3] **capito.**

S'il s'y refuse, prenez des témoins, et vous pourrez l'y contraindre.

Les scoliastes, à l'occasion de la neuvième satire d'Horace, liv. I, disent que l'on trouve dans les Douze Tables le texte suivant : *Si vis vocationi testamini igitur em capito antestari.*

Jacques Godefroi a corrigé ce passage, et le propose ainsi qu'il est rapporté ci-dessus.

## III.

**Si calvitur** [4] **pedemve struit** [5] **manum endo** [6] **jacito.**

S'il diffère, s'il cherche à vous tromper, ou s'il veut prendre la fuite, mettez la main sur lui.

---

(1) Pour *si non it.* (2) Pour *inde , postea.* (3) Pour *eum.*
(4) C'est-à-dire *moretur et frustretur.* (5) *Fugit.* (6) Pour *in.*

Festus, au mot *struere*, rapporte ce texte, et dit qu'il est dans les Douze Tables.

## IV.

Si morbus ævitasve[1] vitium[2] escit[3] qui in jus vocabit jumentum[4] dato si nolet arceram ne sternito.

S'il est retenu par son grand âge, s'il est impotent ou infirme, que le demandeur lui envoie une voiture; mais on ne peut exiger une litière.

Aulu-Gelle, liv. XX, chap. 1, dans une dissertation sur les Douze Tables, dit : *Verba sunt hæc de lege : si in jus vocat, si morbus, ævitasve vitium esset, qui in jus vocabit, jumentum dato : si nolet, arceram ne sternito.* Il donne ensuite un commentaire dont je me suis servi pour interpréter cette loi.

## V.

Si en[5] siet[6] qui in jus vocatum vindicit mittito.

---

(1) Pour *ætas longa*. (2) Pour *impedimentum*. (3) Pour *erit*. (4) *Plaustrum quod junctis jumentis trahatur*. (5) Pour *autem*. (6) Pour *sit*, *aliquis* sous-entendu.

Cependant si quelqu'un se présente et répond pour celui qui est appelé en justice, renvoyez ce dernier.

Gaïus, liv. Ier, sur la loi des Douze Tables (v. ff. *De in jus voc.* l. XXII), dit : « L'adjourné doit être renvoyé, s'il se présente quelqu'un qui réponde pour lui. » *Qui in jus vocatus est ......., dimittendus est , si quis ejus personam defendet.* C'est d'après cette indication qu'on a proposé le texte de la cinquième loi.

VI.

Assiduo vindex [1] assiduus esto proletario quoi qui volet vindex esto.

Que le riche seul puisse répondre pour le riche. Qu'on admette, quel qu'il soit, celui qui répondra pour le pauvre.

Aulu-Gelle, liv. XVI, chap. 10, dit que, s'il s'en souvient bien, on lit ceci dans les Douze Tables : *Assiduo vindex , assiduus esto : proletario civi quivis volet, vindex esto.* Il donne en même tems la véritable acception des mots *assiduus* et *proletarius*.

----

(1) Pour *fidejussor.*

## VII.

**Endo via rem uti pacunto** [1] **rato** [2].

Si les parties transigent en route, que la transaction soit ratifiée.

Gaïus, dans le passage cité plus haut, ajoute que le défendeur doit être également renvoyé, si, dans le chemin, les parties ont transigé, *et si dùm in jus venitur, de re transactum fuerit.*

## VIII.

**Ni ita pacunt in comitio aut in foro** [3] **ante meridiem causam conscito** [4] **quum perorant ambo præsentes.**

Si les parties n'ont point transigé, que le préteur, avant midi, juge la cause dans le comice ou dans le forum, après les avoir entendues l'une et l'autre.

On cite, pour preuve de la première partie de cette loi, l'auteur du livre *ad Herennium*, qui dit, liv. II,

---

(1) Les anciens écrivaient souvent *paco* pour *paciscor.*
(2) C'est-à-dire *ratum esto.* (3) Voyez les explications à la fin de cette table. (4) Pour *consciscito.*

chap. 13 : *Rem ubi pagunt* (1) *orato : ni pagunt in co-mitio , aut in foro ante meridiem , causam conscito.*

Aulu-Gelle, liv. XVII, chap. 2, dit que ceci est écrit dans les Douze Tables. *Ante meridiem causam conscito , cùm perorant ambo præsentes.*

## IX.

Post meridiem præsenti stlitem (2) ad-dicito.

Qu'après midi il adjuge la demande de ce-lui qui se trouvera présent.

Aulu-Gelle ajoute : *Post meridiem præsenti litem addicito.*

## X.

Sol occasus suprema tempestas esto.

Que le coucher du soleil mette fin aux dis-putes du barreau.

Le même auteur ajoute encore : *Si ambo præsentes , sol occasus , suprema tempestas esto.*

---

(1) Pour *pacunt.* Les anciens employaient quelquefois le *g* au lieu du *c.* (2) Pour *litem.*

# EXPLICATIONS

## SUR LA PREMIÈRE TABLE.

### LOI V.

*Renvoyez le défendeur, si quelqu'un se présente pour lui.* Cela ne veut pas dire qu'il soit mis hors de cause; mais s'il donne caution de se représenter, on règle le jour du jugement, et la cause est remise. C'est dans le même sens qu'il faut entendre le texte de *Gaïus*, et la première loi de la Table suivante. Voyez au surplus, sur la seconde loi de la seconde Table, le N° 3 des Preuves.

### LOI VIII.

Le *forum* était la place publique où le peuple tenait ses assemblées, et où l'on jugeait les causes. Le *comice* faisait l'un des côtés du *forum*. C'était un lieu couvert, où l'on avait placé la tribune aux harangues, laquelle fut depuis soutenue par les éperons des vaisseaux qui avaient été pris aux Antiates.

# TABLE DEUXIÈME.

## DES JUGEMENS ET DES VOLS.

### I.

Judice arbitrove addicto vades sub-
vades danunto[1] vadimonii deserti uti
pacunt pœna esto.

Lorsque le juge ou l'arbitre auront été accordés aux parties, qu'elles donnent caution
de se représenter ; et si, le jour du jugement,
l'une d'elles est défaillante, qu'elle subisse l'a-
mende dont on sera convenu.

On a proposé ce texte sur de simples conjectures ;
mais il y a tout lieu de croire qu'il faisait partie des
Douze Tables.

### II.

Si morbus sonticus votum absentia rei-

_______________

[1] Pour *danto*.

publicæ ergo aut status dies cum hoste [1]
intercedat si quid horum fuat unum judici arbitrove reove [2] eo die diffensus [3]
esto.

Si une maladie dangereuse, ou l'accomplissement d'un vœu, ou une absence pour le service de la république, ou un jour pris avec
un étranger pour la conclusion d'une affaire,
exigent une remise, et que l'une de ces choses
arrive au juge, à l'arbitre, ou à l'une des parties, le jugement sera différé.

Ces quatre exceptions dilatoires sont puisées dans
différentes sources.

1°. Ulpien, liv. LXXIV, *sur l'Edit* (Voyez ff. l. II,
parag. 3, *si quis cautionibus*), s'exprime ainsi : « La loi
» des Douze Tables ordonne que le jour du jugement
» soit différé par la maladie grave du juge, ou de l'une
» des parties. »

2°. La seconde exception n'est qu'indiquée par
Gaïus, liv. I, sur la loi des Douze Tables. (Voyez ff,
l. CCXIII, parag. 1. *de verb. signif.*)

3°. Il est dit dans le même livre (Voyez ff. l. VI, *si quis*

---

(1) Pour *perigrino*. (2) *Reus* indique ici l'une ou l'autre par
tie. *Sive is agit sive cum eo actum est.* Festus. (3) Ou *diffinsus*-

*cautionibus* ) : « Si quelqu'un qui a donné caution de se
» présenter en justice, est absent pour les affaires de
» la république, la caution ne peut être contrainte
» pour quelqu'un *qui a le droit de ne pas comparaître.* »

4°. Cicéron, liv. I<sup>er</sup> *des Devoirs*, chap. 12, à l'occasion de l'ancienne acception du mot *hostis*, qui signifiait primitivement un étranger, rapporte la quatrième
circonstance en ces termes : *Judicant XII Tabulæ aut
status dies cum hoste ;* mais il ne dit pas positivement
qu'elle donnait lieu à une exception dilatoire.

Festus, sur le mot *reus*, dit que la deuxième loi de
la seconde Table ordonne, en cas d'empêchement sur-
venu au juge, à l'arbitre ou à l'une des parties, que le
jour du jugement soit remis : *Quid horum fuit unum
( vitium ) judici arbitrove, reove,* EO DIE DIFFENSUS
ESTO.

### III.

Cui testimonium defuerit is tertiis diebus[1] ob[2] portum[3] obvagulatum ito[4].

Celui sur la demande duquel un témoin
aura refusé de comparaître, ira pendant trois
marchés consécutifs à la porte de ce témoin,
et l'appellera à grands cris.

---

(1) *Tertiis diebus* pour *trinundino.* (2) Pour *ad.* (3) Pour *domum.* Voyez Festus. (4) Voyez l'explication à la fin de cette
Table.

Festus, au mot *portum*, rapporte ce texte dans son entier, et l'attribue aux Douze Tables.

## IV.

Si nox [1] furtum factum sit si im [2] aliquis occisit jure cæsus esto.

Si un vol est commis la nuit, et que quelqu'un tue le voleur, que ce meurtre soit légitime.

Macrobe, liv. Ier *des Saturn.*, chap. 4, en disant que les décemvirs ont employé *nox* pour *noctu*, donne pour exemple ce texte, qu'il rapporte tout entier.

## V.

Si luci furtum faxit si im aliquis endo ipso capsit [3] verberator illique cui furtum factum escit addicitor servus virgis cæsus saxo dejicitor impubes prætoris arbitratu verberator noxiamque decernito. Si se telo defensint [4] quiritato [5] endo-

---

(1) Pour *noctu*. (2) Pour *eum*, au lieu de *furem*. (3) Pour *ceperit, deprehenderit*. (4) Pour *defenderint*. (5) Verbe qui signifie appeler à son secours les citoyens romains. (*Quirites.*)

que plorato [1] post deinde si cæsi essint se fraude [2] esto.

Si un vol est commis pendant le jour, et que le voleur soit pris sur le fait, il sera fustigé, et ensuite donné à titre d'esclave à celui à qui le vol aura été fait. Que si le voleur est lui-même un esclave, il soit battu de verges, et ensuite précipité du haut d'un rocher (3). Que si c'est un impubère, il soit fustigé à l'arbitrage du préteur, et que le tort soit réparé.

Si, pendant le jour, des voleurs se défendent avec des armes quelconques (4), que celui envers qui le vol se commettra, appelle des témoins à grands cris, et ensuite si les voleurs sont tués, ce sera impunément.

Aulu-Gelle, liv. XI, chap. 18, après avoir parlé des lois de Dracon et de celles de Solon en ce qui concerne le vol, passe à celles des décemvirs, qui ont calculé les peines suivant les différens larcins et les circonstances qui peuvent les accompagner. Et il ajoute, relativement au voleur de nuit, ce qu'on a vu

---

(1) Pour *implorato*. (2) C'est-à-dire *sine fraude*, *impunè*. (3) C'était la roche tarpéienne. (4) *Telum* signifiait toute espèce d'armes, même des pierres.

dans la quatrième loi, ainsi que la disposition qui permet de tuer, même le jour, les voleurs qui se défendent avec des armes; disposition qui termine la cinquième loi.

Il dit ensuite : *Ex cæteris autem manifestis furibus liberos verberari, addicique jusserunt* (1) *ei cui factum furtum esset : si modo id luci fecissent, neque se telo defendissent, servos item furti manifesti prehensos verberibus affici, et è saxo præcipitari : sed pueros impuberes prætoris arbitratu verberari voluerunt, noxamque ab his factam sarciri.*

Ainsi cet auteur suffit pour prouver la quatrième et la cinquième loi, et je n'ai cité sur la précédente le passage de Macrobe, qu'à cause de l'identité des deux textes.

VI.

Si furtum lance licioque (2) conceptum (3) escit atque uti (4) manifestum vindicator.

---

(1) *Decemviri.* (2) Voyez l'explication à la fin de la Table. (3) C'est-à-dire *quæsitum et inventum. — Conceptum furtum dicitur, cum apud aliquem testibus præsentibus furtiva res quæsita et inventa sit. Instit.*, liv. IV, tit. 1, parag. 4. (4) Ç'a été une erreur de prétendre que *atque* est ici pour *statim*, comme dans la première loi de la première Table : *atque uti* veut seulement dire *de même que.*

Si un vol a été découvert, en observant les formalités de la ceinture et du bassin, il sera puni comme un vol manifeste.

Aulu-Gelle, au chapitre qu'on vient de rapporter, dit : *Ea quoque furta, quæ per lancem liciumque concepta essent, perinde ac si manifesta forent, vindicaverunt ;* et il attribue cette disposition aux Douze Tables.

### VII.

Si adorat[1] furto quod nec manifestum escit duplione luito.

Si l'action a pour objet un vol qui ne soit pas manifeste, on ordonnera la restitution du double.

Le même auteur dit encore, en parlant des Douze Tables : *Aliis deinde furtis omnibus, quæ nec manifesta appellantur, pœnam imposuerunt dupli.*

### VIII.

Si injuria alienas arbores cæsit in singulas æris 25 luito.

---

(1) Pour *agere*.

Si quelqu'un, dans le dessein de nuire, a coupé les arbres d'autrui, qu'il paie 25 livres d'airain (1) pour chacun de ces arbres.

Pline, Histoire natur., liv. XVII, chap. 1er : *Cautum est 12 Tabulis ut qui injuria cecidisset alienas arbores lueret in singulas œris 25.*

## IX.

Si pro fure damnum decisum sit (2) furti ne adorato (3).

Si l'on a transigé sur un larcin, que l'action soit éteinte.

Cette loi n'est qu'indiquée par Ulpien, ff. loi VII, parag. 14, *De pact.*

## X.

Furtivæ rei æterna auctoritas esto.

Que la chose volée ne puisse être jamais prescrite.

---

(1) Voyez l'explication sur la sixième loi de la septième Table. (2) *Decidere* pour *transigere*. (3) Voyez la note de la page 104.

*Institut.*, liv. II, tit. 6, parag. 2 : « Les Douze
» Tables et la loi *Attilia* ont statué qu'on ne pourrait
» acquérir, par une longue possession, la propriété
» d'une chose dérobée. »

# EXPLICATIONS

## SUR LA SECONDE TABLE.

—

### LOI I.

Cette loi suppose une autre disposition qui doit la précéder, et qui concernait les juges et les arbitres. Avant la création de la charge de préteur, on donnait ce nom au consul qui administrait la justice ; mais, depuis comme avant, le préteur ne connaissait pas de toutes les causes : il renvoyait devant des *arbitres* celles qui devaient êtres jugées selon les règles de l'équité naturelle, et devant certains juges certaines questions du droit étroit. C'est dans ce sens qu'il faut entendre, *Judice arbitrove addicto.*

Toutefois cette disposition a dû nécessairement faire partie de la première loi, puisqu'il est certain, d'après le témoignage de Festus, que les exceptions dilatoires faisaient l'objet de la seconde.

### LOI II.

Suivant Terrasson, c'est sur l'autorité d'Aulu-Gelle que Jacques Godefroi a ajouté la seconde et la troisième exception, c'est-à-dire *l'accomplissement d'un vœu et l'absence pour affaires de la république*, et il voudrait que l'on y joignît les autres causes qu'il prétend avoir été détaillées par Aulu-Gelle, savoir : la mort d'un proche parent, le tems des vendanges, un sacrifice et un convoi, dont le devoir et la bienséance ne permettraient pas de se dispenser.

I. Aulu-Gelle ne parle point de ceux qui sont appelés en justice, mais bien des soldats à qui un jour a été indiqué pour répondre à l'appel du général, et prêter le serment militaire ; et il détaille toutes les causes qui peuvent les en dispenser. C'est dans le quatrième chapitre du liv. XVI. Ce chapitre ne fait aucune mention des Douze Tables, et il ne se trouve composé que de quelques fragmens du livre de *Cincius*, *De re militari*. C'est ainsi qu'il commence : *Cincius in libro tertio de re militari.... hisce verbis uti scripsit.* Et, en passant d'un objet à un autre, Aulu-Gelle a soin de prévenir qu'il va encore puiser dans la même source : *Item in libro ejusdem Cincii de re militari quinto ita scriptum est, — item in eodem libro verba hæc sunt.*

II. Aussi, ce n'est point sur l'autorité d'Aulu-Gelle que Jacques Godefroi a ajouté la seconde et la troisième exception, mais bien sur celle de Gaïus. (Voyez le troisième livre intitulé *Probationes.* ) Il est vrai que dans ses notes il cite le passage d'Aulu-Gelle ; mais ce n'est que pour faire un rapprochement, et remarquer quelque ressemblance, *similitudinem*, entre les raisons qui pouvaient excuser les militaires et celles qui pouvaient

dispenser une partie de comparaître au jour indiqué.
( Voyez livre V, *Notæ breves.* )

En général, on remarque que Terrasson, en con-
sultant les auteurs, s'arrête au passage dont il a
besoin, sans remonter plus haut ni aller plus loin ;
et c'est pourquoi son ouvrage est plein de fausses
notions, contre lesquelles on ne saurait être trop en
garde.

LOI III.

L'obscurité apparente de ce texte a beaucoup exercé
les savans, et donné lieu à des interprétations contradictoires, parmi lesquelles il s'en trouve d'extrêmement ridicules. Si l'on fait bien attention aux termes
employés dans la loi, la raison supplée aisément ceux
qui y manquent. Mais on s'est écarté du texte pour se
livrer à des conjectures hasardées, et l'on a été forcé
d'y ajouter des mots que le bon sens rejette.

Voici la version qui a été adoptée le plus généralement, et qui, je dois l'avouer, compte en sa faveur
des noms respectables : « Celui qui n'aura pas de té-
» moins à produire, ira pendant trois marchés consé-
» cutifs devant la maison de son adversaire ; là, il lui
» dira publiquement des injures, ensuite, et lors-
» que par ses cris il aura attiré des témoins, il pourra
» entrer dans cette maison et s'emparer de vive force
» de la chose qu'il réclame. » Il faut convenir que
rien ne ressemble moins au texte que cette étrange ver-

sion. Il me sera facile de détruire les preuves dont on l'appuie ; ensuite j'examinerai le texte.

I. Mais avant tout, je dois observer que les décemvirs auraient détruit l'harmonie de leurs lois, en autorisant formellement les invectives, eux qui ont prononcé des peines pour les simples injures, et qui ordonnent de faire mourir sous le bâton celui qui par des écrits porterait atteinte à la réputation d'autrui.

En permettant cette voie au demandeur qui n'a pas de témoins, c'est l'établir maître de sa cause, rendre sa condition meilleure, et l'autoriser à s'emparer d'un objet qui peut-être ne lui appartient pas. D'ailleurs, d'après la manière dont cette interprétation est conçue, ces formalités ne pourraient avoir lieu qu'en matière de dépôt, de nantissement ou de larcin. Dans les deux premiers cas, il fallait des témoins pour prouver le contrat. Dans le troisième, la loi établit des formalités particulières pour la recherche des choses qui ont été volées.

II. Au surplus, le texte ne se prêtant point à ce système, il faudrait au moins trouver dans les mœurs et dans les usages quelque exemple qui pût l'appuyer. Aussi a-t-on cité en preuve une scène de Plaute, laquelle me paraît avoir déterminé plusieurs savans qui d'abord penchaient pour la version que j'ai adoptée ; mais je crois que cette scène ne prouve rien ici.

Dans l'*Aululaire* de Plaute, on voit un cuisinier

prendre querelle avec un avare chez lequel il était venu pour préparer un repas. Il veut quitter cette maison et remporter ses ustensiles, et il menace, si l'avare ne les lui fait rendre, *nisi reddi mihi vasa jubes*, de faire du bruit devant la maison, et d'injurier le maître. *Pipulo hic differam antè œdis.*

Une telle autorité ne mériterait pas d'être réfutée, si elle n'était d'ailleurs invoquée par des hommes recommandables. Un cuisinier qui menace de faire un esclandre offre une de ces scènes que l'on a vues dans tous les tems et chez tous les peuples, excepté chez les Spartiates, et l'on en sait la raison. Certes, notre Plaute vivra autant que celui des Latins ; et il faut s'attendre que, dans deux mille ans, des jurisconsultes, recherchant avec effort quelles étaient les lois de la France sous Louis XIV, et parcourant les scènes de *Pourceaugnac*, décideront que la *polygamie était un cas pendable* ; et ils y seront d'autant mieux fondés, qu'ils auront vu, dans la scène qui leur servira de preuve, deux avocats, deux procureurs et deux sergens.

Mais, pour ôter toute envie de renouveler un pareil système, il faut achever la réfutation par des raisons plus solides.

Il paraît que ce fut Révard qui le premier imagina et cette interprétation ridicule, et cette preuve étrange. Il paraît encore qu'il n'a cité que deux vers qu'il a isolés ; et que c'est sur la foi de Révard que les autres jurisconsultes se sont contentés de cette preuve, sans se donner la peine de lire la pièce. Mais voici comme la chose arrive dans l'*Aululaire*. Quelqu'un qui doit épouser la fille d'un avare nommé Euclio, envoie chez cet homme une troupe de cuisiniers et une joueuse de flûte. Ces cuisiniers mettent tout en désordre dans la maison de l'avare, et celui-ci maltraite Congrio, leur chef, qui sort aussitôt de la maison. L'avare le suit, et *c'est devant la porte que la querelle a lieu* (1). Congrio dit qu'il ne travaillera plus chez un tel homme, et, pour qu'on lui rende ses ustensiles, il fait la menace que j'ai rapportée plus haut.

Or ici je fais plusieurs remarques importantes :

1°. La scène se passe à Athènes et non pas à Rome.

2°. Dans le système de Révard, la loi ne permet d'injurier le défendeur que quand on manque de preuves, et Congrio a pour témoins les autres cuisiniers, la joueuse de flûte, et Strobile, qui les a tous amenés.

3°. On ne voit point, dans ce que disent les interlocuteurs, que la loi permette les invectives dont l'avare est menacé. Et même il dit plus loin à Congrio : *Attaque-moi dans les formes, et ne fais pas l'insolent. Lege agito mecum, molestus ne sis.* Ce qui tranche toute difficulté.

---

(1) Pour n'avoir pas fait cette remarque, plusieurs ont dit que Congrio menace l'avare *d'aller devant sa maison* pour lui dire des injures.

Voyons maintenant le texte ; il servira peut-être à prouver, 1° que l'*obvagulation* n'était point accompagnée d'injures ; 2° qu'elle ne se faisait point à la porte de l'adversaire ; 3° qu'elle n'avait pas lieu lorsqu'on manquait de preuves, mais bien lorsqu'un témoin refusait de paraître.

I. Pour prouver qu'*obvagulare* signifie dire des injures, on le fait dériver de *vagire*. L'étymologie peut être vraie, mais la conséquence est fausse, parce que les plaintes d'un nouveau-né n'ont aucun rapport avec des vociférations outrageantes.

Mais on s'appuie davantage sur un passage de Festus, et le voici : *Vagulatio in lege XII Tab. significat quæstionem cum convicio.* Ce qui prouve seulement que ceux qui en argumentent ne connaissent pas toutes les acceptions du mot *convicium.*

1°. D'abord il ne signifie en général rien autre chose que le bruit occasioné par plusieurs personnes qui élèvent ensemble la voix et poussent de grands cris, *pro strepitu et vocum multitudine usurpatur*, ou même le bruit que fait une seule personne *qui élève fortement la voix. Interdum et solam vocis contentionem denotat.*

2°. Comme les cris d'une seule personne ou de la multitude ont souvent pour objet des reproches qu'on adresse à quelqu'un, et que, par le bruit et la publicité, ces reproches prennent les caractères de l'injure, on a dit encore : *Convicium injuriam verbis factam denotat.... et est contumelia petulantiùs jactata.*

8

3°. Cependant *convicium* se prend aussi en bonne part et pour un cri de réjouissance : Vossius et Calvin en citent des exemples.

4°. Il ne désigne pas toujours une chose injuste et malhonnête, et il signifie quelquefois de simples reproches sans amertume. Pline le jeune et Pétrone l'emploient quelquefois dans ce sens.

5°. Enfin, *convicior* ne se rapporte pas seulement au mot grec ὑβρίζω, qui signifie je fais injustice, je traite injurieusement, je me comporte avec insolence ; il se prend aussi pour καταβοάω, qui veut seulement dire : je crie fort, je m'emporte de paroles, je réclame, je poursuis par la clameur.

Je crois qu'en suivant ces diverses acceptions, on a suffisamment reconnu que ces mots *quæstio cum convicio*, employés par Festus, expriment simplement l'appel, la recherche de quelqu'un par la clameur publique (1).

II. Maintenant où doit se faire l'*obvagulation* ? *Portum*, suivant Festus, veut dire maison, et il cite en preuve notre texte même ; mais quelle est cette maison ? Si *portum* était suivi d'un génitif, la question serait bientôt décidée. Jacques Godefroi, dans ses notes,

_______________

(1) Voyez au surplus sur tout cet article Vossius, *Etymologicon linguæ latinæ*, et Calvin, *Lexicon juridicum juris Cæsarei*, etc. Voyez aussi Ulpien, ff. liv. XV, parag. 4, *De injuriis*, etc.

remplit cette lacune par le mot *adversarii*, mais je crois cette addition un peu hasardée.

En effet, on ne voit point que, dans le texte, *adversarius* soit ni exprimé, ni même sous-entendu, et il me semble que si les décemvirs s'étaient écartés de l'esprit général qui les animait, et avaient voulu prescrire une telle formalité, ils n'eussent pas manqué d'indiquer, d'une manière positive et formelle, la maison du défendeur. On admire leur noble brièveté, parce que l'esprit trouve facilement les mots dont ils ont négligé ou dédaigné l'emploi; mais on en jugerait autrement s'ils fussent tombés dans l'obscurité que prouverait l'absence d'un mot si important.

Une telle addition a besoin d'être appuyée de quelques preuves; j'ai déjà détruit la seule qu'on eût invoquée, et qu'on déduisait d'une scène de Plaute. Je crois donc que le génitif sous-entendu doit se rapporter à toute autre chose qu'à celle dont le sens implicite, comme le sens explicite, ne présente aucune idée, et qu'il faut en revenir ou à la version de Saumaise, ou à celle de Pothier, qui prouvent en même tems que l'obvagulation n'avait lieu que sur le premier refus d'un témoin, et non lorsqu'on n'en avait aucun à produire.

III. Saumaise veut que, dans le texte, au lieu de *defuerit*, on lise *defugerit*, et il construit ainsi: *Cui testimonium defugerit is tertiis diebus ob portum* EI *vagu-*

*latum itor*. Mais ce changement ne plaît point à Jacques Godefroi : *mihi nil tale placet*, dit-il.

Je crois qu'en ajoutant au texte deux mots qui bien certainement sont sous-entendus, on peut l'éclaircir sans l'altérer ; je mettrais donc : *Cui* ALIQUIS *in testimonium defuerit is tertiis*, etc. Alors on pourrait mettre EI avant ou après *portum*, ce qui concilierait cette seconde version avec celle de Saumaise ; et c'est ce qu'a fait Pothier.

IV. Je hasarderai une quatrième réflexion.

Si l'on compare les deux verbes *abesse* et *deesse*, on verra que le premier exprime une simple absence, ou une simple privation, et que l'autre exprime une privation par suite d'un refus (1). *Deesse convivio*, ne pas se trouver à un festin où l'on a été invité ; *deesse alicui cùm tempus exigit*, abandonner quelqu'un dans l'occasion. Vingt autres exemples prouvent que *deesse* diffère d'*abesse*, en ce que l'un exprime un simple éloignement, et l'autre un refus positif.

Alors *defuerit* ne peut donc se rapporter à *testimonium*, mais bien à *aliquis* sous-entendu : alors *testimo-*

---

(1) Ceux qui adoptent l'interprétation contraire ont tellement reconnu qu'il pouvait y avoir amphibologie, que, pour éviter *defuerit*, ils écrivent *qui testimonium destituitur, qui caret testibus*, en quoi ils reconnaissent l'insuffisance du texte pour appuyer leur système.

*nium* n'est point un nominatif, et peut être accompagné d'une préposition ; alors enfin, *ei* se trouve naturellement sous-entendu à côté de *portum*.

Si l'on ne voit dans tout ceci que de simples conjectures, je répondrai que, conjectures pour conjectures, il faut préférer celles qui n'altèrent point visiblement le texte, et se trouvent en harmonie avec l'esprit de la loi.

Les décemvirs ont établi des peines contre les témoins qui refuseraient de paraître en justice. Il fallait bien fixer des formalités pour constater ce refus ; et c'est, je crois, sous ce seul rapport qu'il faut envisager la loi dont il s'agit.

### LOI VI.

Je vais tâcher d'éclaircir les difficultés que présentent les deux mots *lanx* et *licium*.

I. Les Romains appelaient *furtum conceptum*, le larcin dont on n'obtenait la preuve que par la recherche et la découverte de la chose volée, recherche qui se faisait en présence de témoins, et donnait lieu à l'action *furti concepti*, contre celui chez qui la recherche avait eu lieu.

Cette explication va déjà nous donner la solution d'une première difficulté. Plusieurs ont pensé que les choses désignées par ces mots *lanx* et *licium*, étaient les instrumens qui avaient servi à commettre le vol ; ce qui serait contraire au texte. *Si furtum lance licioque conceptum escit*, y est-il dit, et non pas *factum sit*; donc incontestablement *lanx* et *licium* désignent les instrumens de la recherche, et non pas ceux que les voleurs ont employés.

Mais quels étaient véritablement les objets désignés par ces deux mots? C'est sur quoi ceux qui se sont écartés du texte ont hasardé des conjectures, ou vraiment déraisonnables, ou extrêmement ingénieuses, mais qu'il est inutile de détailler. Je ne m'attacherai qu'à deux interprétations qui me semblent devoir concilier toutes les opinions.

II. La manie de citer Plaute a été cause d'une erreur encore plus considérable que celle déjà relevée dans mes explications sur la troisième loi. Pour cette fois, il est inutile de citer le passage, on l'a puisé dans la pièce intitulée *le Marchand*. Non seulement tous les personnages sont Athéniens, comme dans l'*Aululaire*; mais on sait encore que cette comédie est d'origine grecque, et qu'on la doit à Philémon, de Syracuse, contemporain et quelquefois rival heureux de Ménandre, qui, sentant sa propre supériorité, lui disait assez plaisamment: *N'es-tu pas honteux de m'avoir vaincu* (1)?

---

(1) Ceux qui voudront comparer ces deux comiques, pourront consulter les fragmens qui nous ont été conservés, et que Grotius a réunis dans sa version latine. On croit que Philémon mourut d'un ris sardonique dont il fut saisi en voyant un âne manger des figues. Son fils a fait cinquante-quatre comédies, dont aucune n'est venue jusqu'à nous.

Plaute lui-même a soin de nous apprendre, par deux vers du prologue, à qui nous devons l'original.

*Græcè hæc vocatur, Emporos Philemonis,*
*Eadem latinè Mercator Marci Accii.*

Si l'on avait lu ce prologue, on se serait gardé de prendre dans la pièce des exemples de ce qui se pratiquait chez les Romains.

III. Cherchons donc dans des autorités plus graves l'interprétation de ce texte.

On lit dans Festus : *Lance et licio dicebatur apud antiquos quia qui fortum ibat quærere in domo aliena licio cinctus intrabat lancemque ante oculos tenebat.*

Voilà une explication claire et précise ; mais à quoi servaient cette ceinture et ce bassin ? Festus ajoute : *Propter matrum familiæ aut virginum præsentiam*, et M. Bouchaud fait judicieusement rapporter ceci à la *ceinture*, et non pas au *bassin*, comme l'avaient mal à propos prétendu quelques-uns, parce qu'ils avaient égard à la ponctuation, laquelle n'était point en usage du tems de Festus, et c'est pourquoi je l'ai supprimée en copiant ce passage.

Ainsi, chez les anciens Romains, lorsqu'on faisait dans la maison d'un particulier la recherche d'un vol, on entrait ceint du *licium*, et portant un bassin qui était vu de tous ; car c'est ainsi qu'il faut entendre *ante oculos* ; et la ceinture était une précaution prise à cause des mères de famille et de leurs filles, en présence desquelles on pouvait se trouver.

Voici maintenant les deux interprétations que je crois pouvoir concilier :

IV. Ç'a été une opinion généralement adoptée par les plus savans jurisconsultes, que, dans la crainte des avantages que la malveillance et la haine auraient pu tirer de ces sortes de recherches, on obligeait celui qui en était chargé à se dépouiller de ses vêtemens (1). Mais Romulus avait défendu de paraître nu devant les femmes, et voilà l'explication du *licium* de Festus.

Quant au bassin, on prétend que les prêtres ayant environné ces formalités de cérémonies superstitieuses, il servait à contenir une pâte préparée avec de la poudre de pierre d'aigle (2), laquelle avait cette propriété, que si un voleur en voulait manger il ne pouvait l'avaler, et l'on ajoute que par ce moyen on découvrait le coupable.

Je ne crois pas qu'il faille légèrement rejeter cette interprétation : elle tient aux mœurs de ces tems, qui sont loin de nous. Malgré toute notre admiration pour les Romains, nous ne pouvons disconvenir qu'ils n'aient payé le tribut commun à la faiblesse humaine. Un peuple qui a porté des lois contre les magiciens, et qui, dans des tems de peste, n'y voyait d'autre remède

---

(1) *Nudi œdes suspectas ingrediebantur, ne quid forte vestibus conditum inferrent, dominoque tædium falsum crimen objectare possent.* Vinnius.

(2) Voyez, sur cette pierre d'aigle, Pline, *Hist. nat.*

que de nommer un dictateur, dont la seule fonction était d'enfoncer un clou dans le mur du Capitole (1); ce peuple, dis-je, a pu croire à la vertu de la pierre d'aigle, et les plus instruits d'entre les citoyens ont pu ne voir, dans cette cérémonie, qu'un innocent artifice pour découvrir le coupable, sûrs que la crainte ne manquait pas sans doute de donner à cette pierre une véritable propriété.

L'abolition de ces formalités par la loi *Æbutia* porterait encore à croire qu'elles tenaient en effet aux tems où Rome n'avait pas atteint le plus haut degré de civilisation; car deux choses ont fait abroger plusieurs lois décemvirales, l'intérêt des factions, et le changement apporté dans les mœurs. Or, comme la disposition dont il s'agit ne pouvait nullement intéresser les partis qui depuis divisèrent la république, on ne peut en attribuer l'abrogation qu'au changement qui se sera opéré dans les usages, et aux progrès des lumières.

V. Ceux qui veulent interpréter les lois des Douze Tables d'après des idées qui ont plus de rapport avec les nôtres, nous donnent les détails de formalités qui probablement n'ont fait que succéder à celles que la loi *Æbutia* a détruites; alors l'une et l'autre interprétation se trouvent également vraies; il n'y a de différence que dans les tems, et ces tems sont séparés par

_______

(1) Voyez, sur l'origine de cette cérémonie, Tite Live, liv. VII.

cette loi *Æbutia*. Voici quelles étaient ces autres formalités; on en voit deux exemples, l'un dans Pétrone, et l'autre dans Apulée :

Celui qui avait à se plaindre d'un vol, et qui voulait faire procéder à une recherche, obtenait d'abord la permission du magistrat, et se faisait ensuite accompagner d'un officier subalterne et d'un esclave public ; ce dernier portait une hache, l'officier subalterne une ceinture, et le plaignant un bassin, dans lequel il exposait aux regards l'ordre du magistrat et la récompense promise au dénonciateur ; ce qui offre les circonstances de la recherche, *cum lance et licio*; et voici comment je le prouve :

1°. Dans Pétrone, l'officier subalterne est appelé indifféremment *præco* ou *viator*, et ces deux mots, aussi bien que *lictor*, désignent le même personnage; c'était une espèce de serviteur qui était chargé d'exécuter les ordres du magistrat. Or, ces sortes d'officiers portaient, ainsi que les victimaires, une bande d'étoffe qui descendait depuis la ceinture jusqu'à la cheville du pied ; elle s'appelait *limus* pour les victimaires, et *licium* pour ces officiers subalternes, qui s'appelaient eux-mêmes *limocincti*, et elle était de diverses couleurs. Voilà pour le *licium*.

2°. Dans le même auteur, celui qui faisait faire la recherche suivait l'officier public, *et in lance indicium et fidem præferebat. Fides* désigne un sauf-conduit, un acte du magistrat ; *indicium* veut dire la récompense promise au dénonciateur : c'est ce que nous apprennent

Cicéron et Ulpien. Voilà donc également le *lanx* et son usage.

VI. Comme dans Pétrone le plaignant est couvert d'un vêtement de plusieurs couleurs, beaucoup ont pensé que ce vêtement remplaçait le *licium*, et M. Bouchaud leur répond d'une manière très-ingénieuse que par cette parure l'auteur a voulu désigner un homme mou et efféminé. Je me permettrai cependant de lui objecter qu'une loi du code *théodosien* assujettit ceux qui font quelque acte public sous l'autorité du magistrat, à se revêtir d'une robe tissue de plusieurs couleurs; mais elle n'était pas destinée à remplacer le *licium*, puisqu'il était porté par l'officier qui faisait la perquisition.

Au surplus, et quant à l'explication de cette loi des Douze Tables, rappelons-nous qu'Aulu-Gelle fait dire à Cæcilius que, de son tems même, l'intervalle qui s'est écoulé depuis les décemvirs, les anciens usages tombés dans l'oubli, et des mœurs nouvelles, rendent déjà difficile l'intelligence de ces lois.

### LOI VII.

Cette loi ne concerne que la réparation civile, laquelle est indépendante de la peine publique. Il paraît que la restitution, en cas de vol manifeste, était du quadruple, et du double seulement en cas de vol non manifeste.

Un voleur manifeste est non seulement celui qui est

pris sur le fait, mais encore celui qu'on surprend dans
le lieu même où il vient de commettre le vol ; et, en
général enfin, il est reconnu voleur manifeste toutes
les fois qu'il est trouvé saisi de l'objet volé, et avant
qu'il soit arrivé au lieu où il se proposait de le déposer ;
mais si, arrivé dans cet endroit, il est saisi ayant encore sur lui la chose volée, ce n'est plus un voleur
manifeste. Il en est de même pour tous les cas autres
que ceux qui viennent d'être exprimés. (*Instit*. liv. IV,
tit. 1er, parag. 3.)

# TABLE TROISIÈME.

## DES DETTES.

### I.

**Si quid endo deposito dolo malo factum escit duplione luito.**

Que celui qui use de dol dans un dépôt rende le double.

Paul, liv. II *des Sentences*, cité par l'auteur de la *Conférence des Lois romaines et mosaïques*, dit que les Douze Tables ont introduit l'action en restitution du double pour les contrats de dépôt, et que l'édit du préteur a réduit la restitution à l'équivalent de l'objet déposé. Les interprètes y ajoutent la condition du dol.

### II.

**Si qui unciario[1] fœnore amplius fœnerassit quadruplione luito.**

---

Si quelqu'un s'est fait payer un intérêt qui excède pour chaque mois le douzième d'un pour cent, qu'il soit condamné à rendre le quadruple.

Tacite, dans ses *Annales*, liv. VI, nous apprend que les Douze Tables défendaient de recevoir un intérêt qui fût au dessus de l'*once*, et Caton, dans sa préface du livre *De re rusticâ*, dit : « Nos pères, dans leurs » lois, ont voulu que le voleur restituât le double, » et l'usurier le *quadruple*, tant il est vrai qu'ils ont » estimé celui-ci plus coupable que celui-là. »

## III.

**Adversus hostem æterna auctoritas esto.**

Que le droit d'un Romain contre un étranger ne puisse être jamais prescrit.

Cicéron, *Traité des Devoirs*, liv. Ier, chap. 12, en disant qu'autrefois le mot *hostis* signifiait simplement un étranger, cite ce texte en preuve, et dit qu'il est dans les Douze Tables.

## IV.

**Æris confessi rebusque jure judicatis triginta dies**[(1)] **justi sunto.**

________________

(1) *Dies justi*, jours de grâce, délai.

Si quelqu'un a reconnu une dette , et qu'il y ait jugement de condamnation, que trente jours de délai soient accordés au débiteur.

## V

Post deinde manus injectio esto in jus ducito.

Le délai expiré, on peut mettre la main sur le débiteur, et l'amener devant le juge.

## VI.

Ni judicatum facit aut quips [1] endo eo in jure vindicit secum ducito vincito aut nervo aut compedibus quindecim pondo ne majore at si volet minore vincito.

S'il ne satisfait au jugement, et si personne ne répond pour lui, que le créancier puisse l'emmener chez soi, et qu'il puisse l'attacher soit avec des courroies, soit avec des chaînes, pourvu qu'elles ne pèsent pas plus de quinze livres. Elles pourront être plus légères si le créancier le veut.

---

(1) Pour *quis.*

## VII.

Si volet suo vivito ni suo vivit qui em vincitum habebit libras farris endo dies[1] dato si volet plus dato.

Si le prisonnier veut vivre à ses frais, qu'il le fasse; mais s'il ne le veut, que chaque jour une livre de farine lui soit donnée par son créancier, et plus si ce dernier y consent.

## VIII.

Ni cum eo pacit sexaginta dies endo vinculis retineto interibi trinis nundinis continuis in comitium procitato[2] ærisque æstimiam[3] judicati prædicato.

Si le prisonnier ne traite point avec son créancier, celui-ci le tiendra dans les liens durant soixante jours; mais que, pendant cet intervalle, il le conduise en justice à trois jours de marché, et que là il fasse publier pour quelle somme il est retenu.

---

(1) *Endo dies*, pour *in singulas dies*. (2) C'est-à-dire *producito cum clamore*. (3) Pour *æstimationem*.

## IX.

Ast si plures erunt rei tertiis nundinis
parteis secanto si plus minus-ve secuerunt
se fraude esto si volent uls [1] Tiberim peregre venum danto.

Mais s'il a plusieurs créanciers, après ces
trois publications, ils pourront partager le
corps de leur débiteur en proportion de leurs
créances; et s'il y a plus ou moins, ce sera
sans fraude. Toutefois, s'ils le préfèrent, ils
pourront le vendre au delà du Tibre.

Les six lois qui précèdent ne peuvent souffrir diverses interprétations, car elles se trouvent rapportées et
expliquées avec beaucoup de précision et de clarté dans
Aulu-Gelle, liv. XX, chap. 1.

Ce chapitre contient une dissertation sur les Douze
Tables entre Sextus Cæcilius, jurisconsulte, et Phavorinus, philosophe; ce dernier fait la critique des lois
décemvirales, ou plutôt de quatre dispositions seulement. Il trouve de la cruauté à forcer une partie de
venir en justice lorsqu'elle est malade, de l'inconsé-
quence à fixer d'une manière uniforme la réparation
des injures, et de l'injustice dans la peine du talion;
enfin, il accuse de barbarie la loi qui permet de couper
le corps d'un débiteur, et de le diviser en lambeaux,

_______________

(1) Pour *ultra*.

de la même manière , dit-il , que nous partageons aujourd'hui ses biens.

Cæcilius , après avoir répondu sur les trois premiers
chefs , ajoute :

« Il nous reste à examiner la loi qui permet de cou-
» per le corps du débiteur , et qui vous semble extrê-
» mement barbare. Je répondrai : Certes , par l'étude
» et par l'observation de tous les genres de vertus , le
» peuple romain s'est élevé de son obscure origine au
» plus haut degré de grandeur et de gloire ; mais parmi
» toutes les vertus , il cultiva plus religieusement en-
» core le respect pour la foi jurée , soit dans les affaires
» des particuliers , soit dans les traités publics. Ainsi il
» charge ses consuls , ces hommes illustres , d'être
» envers ses ennemis religieux observateurs de la foi
» publique ; ainsi il a voulu que le client auquel nous
» engageons notre foi nous soit plus cher que nos
» proches , et que nous le défendions même contre nos
» parens. Aussi nul n'a jamais été estimé plus criminel
» que celui-là qui était convaincu de s'être joué de
» son client. Nos pères ont commandé l'observation de
» cette fidélité , non seulement dans un commerce
» réciproque de devoirs et de bons offices , mais encore
» dans l'exécution des contrats , et plus spécialement
» dans le négoce et dans l'usage des sommes prêtées :
» car ils ont pensé que ce serait ravir à l'indigence
» momentanée , à laquelle le commun des hommes est
» exposé , l'indispensable secours des emprunts , que
» de ne pas prononcer des peines extrêmement sévères
» contre la perfidie et la mauvaise foi des débiteurs.

» Ainsi donc, quand la dette a été reconnue, trente
» jours leur sont d'abord accordés ; afin qu'ils se pro-
» curent les sommes nécessaires pour se libérer. Les
» décemvirs ont appelé ces jours *justi*, comme quel-
» que chose de très-juste, c'est-à-dire une espèce d'in-
» tervalle et de suspension pendant laquelle il n'est pas
» permis au créancier d'exercer ses droits et de faire
» aucune poursuite ; mais, ce délai expiré, si les débi-
» teurs ne s'étaient pas acquittés, ils étaient appelés
» devant le préteur, qui les livrait à leurs créanciers ;
» et ils étaient attachés avec des cordes ou avec des
« fers ; car, si je ne me trompe, voici les termes de
» la loi :

( Il rapporte ensuite le texte des lois IV, V, VI et
VII, tels qu'on les voit dans cette Table. )

  » Cependant, les parties avaient le droit de traiter ;
» mais si elles ne le faisaient pas, le débiteur restait dans
» les liens durant soixante jours, pendant lesquels on
» le conduisait devant le préteur, à trois jours de mar-
» ché consécutifs, et l'on publiait pour quelle somme
» il était arrêté. Après le troisième marché, il subis-
» sait la peine capitale, ou bien il était vendu au delà
» du Tibre. Les décemvirs, par l'appareil d'une atro-
» cité horrible, et par la crainte du supplice qui de-
» vait le suivre, ont voulu inspirer l'épouvante à ceux
» qui seraient tentés de violer la bonne foi : car ils
» ont permis, si le débiteur était adjugé à plusieurs
» créanciers, que ceux-ci pussent couper son corps et
» le partager entre eux, s'ils le voulaient. Je rappor-

» terai les expressions mêmes de la loi , afin que vous
» ne croyiez pas que ce qu'elle a d'odieux me puisse
» effrayer. *Tertiis nundinis* , dit-elle , *parteis secanto ,*
» *si plus minusve secuerunt sine fraude esto.* Je l'avoue,
» il n'y a rien de plus affreux ni de plus barbare , à
» moins que le but de la loi, en prononçant cette
» peine , n'ait été qu'elle ne fût jamais exécutée.
» Maintenant nous en voyons beaucoup arrêtés pour
» dettes , parce que les hommes , devenus plus mé-
» chans , méprisent la peine des fers ; mais certaine-
» ment je n'ai jamais entendu dire , et je n'ai lu dans
» aucun écrit que , dans les tems anciens , un débiteur
» ait été coupé par morceaux, parce que la sévérité de
» la peine n'a pu être méprisée. Oui , Phavorinus, je
» pense que si l'on n'eût pas aboli la peine portée par
» les Douze Tables contre ceux qui sont convaincus
» de faux témoignage , et si maintenant , comme alors,
» on les précipitait de la roche tarpéienne , nous ne
» verrions pas autant de gens mentir insolemment à la
» justice. »

# EXPLICATIONS

## SUR LA TROISIÈME TABLE.

—

### LOI II.

Chez les Romains, l'unité monétaire s'appelait *as ;* c'était une livre d'airain, et elle se divisait en douze *onces.*

L'intérêt se payait tous les mois, et il y avait douze espèces d'intérêt.

1°. On appelait *summa usura*, ou *as usurarius*, l'intérêt qui se payait sur le pied d'un pour cent par chaque mois, et qui rapportait à la fin de l'année douze centièmes du capital.

2°. *Usura deunx* s'entendait de celui qui rapportait par an 11 centièmes.

3°.  *Dextans*,      10 centièmes.

4°.  *Dodrans ;*      9.

5°.  *Bes,*,      8.

6°.  *Septunx*,      7.

7°.  *Semis*,      6.

8°.  *Quincunx*,      5.

9°.  *Triens* ,      4.

10°. *Quadrans*,      3.

11°. *Sextans* ,      2.

12°. UNCIARIA,      1.

*Unciarium fenus* était donc l'intérêt à un pour cent par an , payable par douzième tous les mois ; et c'est de celui-là qu'il est question dans la loi. ( V. Rosini, *Antiquit. Roman.* )

C'est cette échelle usuraire, prise à rebours par Terrasson , qui a induit en erreur cet écrivain , et lui a fait croire que l'intérêt fixé par les Douze Tables était de douze pour cent par an.

### LOI IV *et suivantes*.

J'ai cru devoir copier à la suite de ces lois le fragment d'Aulu-Gelle , qui les contient toutes , parce que c'est le meilleur commentaire qu'on en puisse donner.

Il me semble , en effet , qu'avec le texte de cet auteur on peut résoudre aisément les plus grandes difficultés qui aient été proposées ; c'est ce que je vais essayer en peu de mots.

I. Plusieurs interprètes , à la tête desquels on voit le savant Bynckershoek , n'ont pu se persuader qu'il fût permis de couper le corps d'un débiteur ; et ce que la loi dit de la personne , ils l'ont entendu des biens seulement , ou du prix qu'on retirait de la personne en la vendant comme esclave ; mais Aulu-Gelle , qui écrivait dans un tems moins éloigné des décemvirs (1) , ne permet aucun doute à cet égard ; car Phavorinus ,

_______________

(1) Il écrivait du tems de l'empereur Adrien.

accusant cette disposition de barbarie, dit positivement : *Quid enim videri potest efferatius ? Quid ab hominis ingenio diversius, quàm quòd* MEMBRA, *et artus inopis debitoris, brevissimo laniatu, distrahantur* SICUT NUNC BONA DISTRAHUNTUR. Ainsi, du tems d'Aulu-Gelle, c'étaient les biens, et, du tems des décemvirs, c'était le corps des débiteurs qu'il était permis de partager.

Il est donc inutile d'entrer dans de longues discussions pour savoir si, par le mot *caput*, les décemvirs ont entendu le sort principal, et, par *pœna*, les intérêts ; ou si, par ces expressions, *capite pœnas dabant*, on a seulement voulu dire que les créanciers privaient leur débiteur de sa liberté (1). Si l'on eût ainsi entendu le texte du tems d'Aulu-Gelle, où tous les commentaires sur les Douze Tables existaient encore, Cæcilius, pour réfuter son contradicteur, ne serait pas obligé de citer en exemple le respect religieux avec lequel les Romains observaient la bonne foi, et les inconvéniens qui sont résultés de l'abrogation de la peine capitale portée contre les faux témoins ; enfin il ne serait pas obligé d'ajouter : *Sed* EAM CAPITIS PŒNAM *sanciendæ, sicut dixi, fidei gratiâ horrificam,* ATROCITATIS OSTENTU *novisque terroribus metuendam reddiderunt.*

II. A l'exemple de Jacques Godefroi et de Pothier,

______

(1) C'est le sentiment d'Hoffman.

je n'ai puisé que six chefs dans ce chapitre d'Aulu-
Gelle ; M. Bouchaud en ajoute un autre, qu'il place
entre le cinquième et le sixième, et qu'il rend ainsi,
d'après l'orthographe qu'il a cru devoir adopter : *Pos-
tidea. de. capited. adictei. poinas. sumitod. aut. sei.
volet. uls. Tiberim. perecre. venom. datod.* Il a sans
doute fait cette addition sur la foi de Revard, qui a proposé ce nouveau texte : *Tertiis nundinis capito pœna,
aut trans Tiberim venum ito.* Ce qui enlève à la loi suivante, qui est la dernière, la seconde partie de cette
disposition, et donne au créancier qui est seul, et non
pas à plusieurs créanciers réunis, la faculté de vendre
le débiteur.

Je crois que c'est une erreur et une fausse interprétation d'Aulu-Gelle. Il est vrai qu'après ces mots,
qui forment le texte primitif, *tertiis nundinis parteis
secanto, si plus minusve secuerunt sine fraude esto,* il
n'ajoute point la faculté de vendre le débiteur au delà
du Tibre ; ce qui semblerait rentrer dans le système de
M. Bouchaud ; mais il faut lire le passage tout entier
pour en pénétrer le sens. Dans le texte des cinq premières dispositions, et jusqu'à l'exposition dans le comice, on emploie le *pluriel* en parlant du *débiteur*, et
le *singulier* seulement lorsqu'il est question de *créancier* ; puis, arrivant à la dernière disposition, on parle
de *plusieurs* créanciers et d'un *seul* débiteur : *Capite pœnas* DABANT, *aut trans Tiberim peregre venum* IBANT.
Pourquoi ce changement de *tems* du singulier au pluriel, si ce n'est que la loi ne donne la faculté dont il

s'agit qu'à plusieurs créanciers réunis? Ce n'est, cependant que dans ce dernier passage qu'on a pu puiser cette loi qu'on ajoute; aussi a-t-on été obligé de changer le tems des verbes. M. Bouchaud a mis *sumito* pour *sumunto*, *volet* pour *volent*, *dato* pour *danto*, et Revard a employé *ito* pour *eunto*. Mais il me semble qu'on ne peut arbitrairement changer le tems d'un verbe, quand le sens d'une loi en dépend.

III. En général, le texte d'Aulu-Gelle a été l'objet de grandes discussions entre les savans, lesquels ont proposé des leçons différentes; mais la diversité de ces leçons n'a rien d'essentiel ici, et n'influe point sur les réflexions que je viens de présenter.

# TABLE QUATRIÈME.

## DES DROITS DE LA PATERNITÉ ET DE CEUX DU MARIAGE.

### I.

**Pater insignem ad deformitatem puerum cito necato.**

S'il naît un enfant d'une difformité insigne, que le père s'empresse de le faire mettre à mort.

Cicéron, *De legibus*, liv. III, dit que la puissance tribunitienne prit naissance au milieu des troubles civils; qu'ensuite elle fut étouffée tout à coup, *comme ces enfans monstrueux dont parlent les Douze Tables*; mais que bientôt après elle reparut sous des formes plus horribles et plus hideuses. C'est sur cette indication qu'on a proposé le texte.

### II.

**Endo liberis justis[1] jus vitæ necis venumdandique potestas ei[2] esto.**

Que la puissance du père sur ses enfans lé-

____

(1) Pour *legitimis*. (2) Pour *patris*.

gitimes, soit de vie et de mort, et qu'il puisse les vendre.

Denys d'Halicarnasse, liv. II, dit que cette loi est de Romulus, et qu'elle a été conservée par les décemvirs.

### III.

Si pater filium ter venumduit filius a patre liber esto.

Si un père a vendu trois fois son fils, que celui-ci ne soit plus sous sa puissance.

Ulpien rapporte ce texte en entier, et l'attribue aux Douze Tables. ( Voyez *Frag.*, tit. 10, parag 1. )

### IV.

Si qui ei in decem mensibus proximis posthumus natus escit justus esto.

Si une femme accouche dans les dix mois qui suivront la mort de son mari, l'enfant sera légitime.

Aulu-Gelle, liv. III, chap. 16, rapportant les diverses opinions sur la durée de la gestation des femmes, dit « que les décemvirs ont estimé qu'elle ne devait » pas aller au delà de dix mois » ; et c'est sur ce passage qu'on a proposé le texte.

# EXPLICATIONS

## SUR LA QUATRIÈME TABLE.

—

### LOI I.

I. Pothier veut qu'on ajoute ce tempérament, que cinq hommes du voisinage reconnaîtront d'abord cette difformité, et la nécessité de tuer l'enfant monstrueux. Il se fonde sur ce que cette précaution a été prescrite par Romulus, et qu'il n'est pas probable qu'en introduisant cette loi dans leur code, les décemvirs aient oublié de prescrire une formalité aussi importante.

M. Bouchaud, au contraire, reproche cet oubli aux décemvirs : mais qui le prouve ? Cicéron ne rapporte pas cette loi pour en faire connaître les dispositions ; le monstre qui en est l'objet ne lui sert que de point de comparaison, et la visite préalable des voisins était étrangère à son objet. On ne pourrait donc pas affirmer que le tempérament prescrit par Romulus n'ait pas été conservé par les décemvirs.

II. La difformité dont parle cette loi devait être considérable et même monstrueuse. Il paraît qu'on faisait périr ces sortes d'enfans *vel aquâ, vel igni*.

LOI II.

Les détracteurs des Douze Tables n'ont pas manqué
d'accuser cet excès de puissance, qui remonte jusqu'à
Romulus, et qui était particulier aux Romains. Mais
a-t-on bien saisi le sens de cette loi? D'abord, je remarque plusieurs faits historiques qui sont connus de
tout le monde.

I. Brutus condamne ses deux fils à mort, mais c'est
comme juge, et non comme père. Ils étaient convaincus de crime capital.

II. Virginius, pour sauver la pudeur de sa fille, lui
donne la mort; mais il prend les dieux à témoin que
ce crime n'est point de lui, et qu'il est tout à Appius.
*Supinas ( deinde ) tendens manus commilitones appellans,
orabat ne quod scelus Appii Claudii esset sibi attribue-
rent.* Il supplie ses compagnons de ne pas le chasser
comme un parricide, ni comme le meurtrier de sa fille.
*Neu se ut parricidam liberorum aversarentur.* La vie de
sa fille lui eût été plus chère que la sienne propre, si
elle eût pu vivre libre et non déshonorée. *Sibi vitam
filiæ suâ cariorem fuisse, si liberè ac pudicè vivere lici-
tum fuisset.* Tite Live, liv. III.

III. Quatre-vingt-huit ans après les Douze Tables, on
fait un crime à L. Manlius d'avoir traité trop dure-
ment son fils, parce que ce jeune homme, étant bègue,
avait été relegué dans une campagne où on l'occupait

au labourage (1). Il fut accusé devant le peuple; et si le fils n'eût pas trouvé le moyen d'intimider le tribun qui avait porté l'accusation, le père était infailliblement condamné à l'amende (2). Je conviens que ce n'était qu'un prétexte pour perdre L. Manlius, qui n'était point agréable au peuple, envers qui il avait usé de duretés; mais il fallait bien qu'une telle poursuite fût autorisée par la loi.

IV. On cite en exemple, contre l'autorité paternelle établie chez les Romains, ce même Manlius Torquatus, qui, étant père à son tour, condamna son fils à mort, pour s'être battu dans un combat particulier, contre la défense expresse du général, dans la fameuse guerre contre les Latins; mais il faut encore considérer que c'est comme consul, et non comme père, qu'il a porté ce jugement, et qu'il a sacrifié son fils à la dignité de la suprême magistrature et au maintien de la discipline militaire.

Il faut encore ajouter que l'armée chargea d'imprécations Manlius; que, lorsqu'il revint à Rome, toute la jeunesse refusa d'aller au devant de lui, et témoigna, pendant tout le tems qu'il vécut, une aversion pour lui et un ressentiment extraordinaires. Enfin, on eut en horreur ses ordonnances; et, dans la suite, leur nom passa en proverbe pour exprimer une sévérité barbare (3). Que serait-il donc arrivé, si le père, et

---

(1). Ce fut le même qui depuis reçut le nom de Torquatus.
(2) Voyez Tite Live, liv. VII.    (3) Voyez Tite Live, liv. VIII.

non le consul, eût ordonné le supplice de ce fils, et si ce n'eût pas été dans une circonstance où le salut de l'armée et celui de la république demandaient un grand exemple?

V. Avant que l'on eût créé des rois chez toutes ces petites nations qui peuplaient autrefois l'Italie, le pouvoir souverain résidait dans les mains de chaque chef de famille, et, par conséquent, le droit de vie et de mort, qui en est un des attributs. Romulus a laissé dans ses institutions beaucoup de traces de ce gouvernement antique, et conservé à chaque chef une partie de cette première autorité; mais il paraît que ce droit de vie et de mort n'était pas tellement arbitraire et tellement absolu qu'on pourrait se l'imaginer. L'opinion publique, et les jugemens du peuple y mettaient un frein salutaire.

Il faut encore penser que, chez les Romains, la voix de la nature était assez puissante pour que les pères n'abusassent pas d'une telle autorité. Une expérience de trois cents années avait suffisamment confirmé et justifié cette institution; car autrement les décemvirs, et la nation entière qui fut consultée, n'auraient pas manqué de la rejeter. Au surplus, et c'est le point important que j'ai voulu considérer ici, ç'a été bien certainement à tort qu'on a parlé de fréquens abus de cette puissance, et sans fondement qu'on s'est prévalu des exemples que je viens de citer, et dont on s'est bien gardé de détailler les circonstances.

# TABLE CINQUIÈME.

## DES SUCCESSIONS ET DES TUTELLES.

### I.

**Paterfamilias uti legassit[1] super pecuniæ[2] tutelæ-ve suæ rei[3] ita jus esto.**

Sur la disposition des biens, comme sur la tutelle de ceux qui sont sous sa puissance, que le testament du père de famille ait force de loi.

Ulpien, *Frag.*, tit. 11, *De Testamentariâ tutelâ*, rapporte ce texte en entier, et dit qu'il est dans les Douze Tables.

Cette loi est aussi rapportée par beaucoup d'autres, avec des différences dans la leçon; mais elles n'en changent point le sens.

---

(1) Pour *legaverit*. (2) Par ce mot, on entendait la généralité des biens, tant mobiliers qu'immobiliers. (3) Ce mot comprend les enfans qui sont sous la puissance.

## II.

Ast si intestato moritur cui suus heres
nec extabit agnatus proximus familiam
habeto.

Si agnatus non escit gentilis familiam
heres nancitor.

S'il meurt sans avoir disposé par testament,
et s'il ne laisse point d'héritiers en ligne directe, que le plus proche agnát lui succède ;
que s'il ne laisse point d'agnat, la succession
soit dévolue au gentil (1).

Ulpien , *Frag.* tit. 26 : « *Id enim cautum est lège
XII Tab.* AC SI INTESTATUS MORITUR CUI SUUS HERES ,
NEC EXTABIT ADGNATUS PROXIMUS FAMILIAM HABETO. »
Le même jurisconsulte , cité par l'auteur de la *Con-
férence des lois romaines et mosaïques* , dit encore : *Si
agnatus nec escit gentilis familiam hanc nancitor.*

## III.

Si libertus intestato moritur cui suus
heres nec escit ast patronus patroni-ve li-

---

beri escint ex ea familia in eam familiam proximo pecunia adduitor.

Si un affranchi meurt *intestat*, et s'il ne laisse point de postérité (1), que son patron lui succède ; et, en cas de prédécès, les enfans ou les plus proches parens du patron.

Cette loi est indiquée par Ulpien, *Fragm.* tit. 29, *de bonis libertorum*, et par Justinien, *Institut.* liv. III, tit. 7.

### IV.

Nomina[2] inter heredes proportionibus hæreditariis ercta cita[3] sunto.

Que l'actif et le passif d'une succession se divisent par portion héréditaire entre ceux qui succèdent.

Cette loi et la suivante sont indiquées par Paul, ff. l. XXV, parag. 13. *Familiæ erciscundæ.*

### V.

Cæterarum familiæ rerum ercto non

---

(1) Ni une femme légitime. (2) Pour *actiones.* (3) *Erctum citum*, héritage partagé.

cito si volent heredes erctum citum fa-
ciunto prætor ad erctum ciendum arbitros treis dato.

Si les héritiers veulent partager les autres
biens indivis, que le préteur nomme trois
arbitres.

## VI.

Si paterfamilias intestato moritur cui
impubes suus extabit heres agnatus proximus tutelam nancitor.

Si le père de famille n'a point disposé par
testament, que l'agnat le plus proche ait la tutelle de ses enfans impubères.

*Institut.* liv. I, tit 15. : « Par la loi des Douze Ta-
» bles, les agnats sont donnés pour tuteurs aux pupilles
» à qui il n'en a point été donné par testament , et ces
» tuteurs sont appelés légitimes. »

## VII.

Si furiosus aut prodigus existat ast ei
custos nec escit agnatorum gentiliumque
in eo pecuniave ejus potestas esto.

Si quelqu'un devient furieux (1) ou prodigue, et qu'il ne soit point en la puissance d'autrui, sa personne et ses biens seront confiés à la garde de l'agnat ou du gentil le plus proche.

*Institut*. liv. I, tit. 23 : « Par la loi des Douze Ta-
» bles, les furieux et les prodigues, quoiqu'ils aient
» atteint leur vingt-cinquième année, sont mis sous
» la curatelle de leurs agnats. »

---

(1) Ou insensé.

# EXPLICATIONS

## SUR LA CINQUIÈME TABLE.

LOI II.

Relativement aux successions *ab intestat.*, Justinien compte trois sortes de jurisprudences, l'ancienne, la moyenne et la nouvelle : l'ancienne fut celle établie par les Douze Tables. Il est important de la faire connaître ici.

I. On admettait d'abord une première division dans la parenté en général. Chacune de ces premières espèces subissait encore une seconde division ; en voici le tableau :

$$\text{Parenté} \ldots \begin{cases} \text{Directe.} \ldots \begin{cases} \textit{Ascendante.} \\ \textit{Descendante.} \end{cases} \\ \text{Collatérale.} \ldots \begin{cases} \textit{Agnation.} \\ \textit{Gentilité.} \end{cases} \end{cases}$$

Il y avait une cinquième espèce de parenté qui appartenait aux quatre premières, et on l'appelait *cognation*.

Je n'ai pas besoin de définir les deux espèces de la parenté directe, mais il faut expliquer les trois autres.

La parenté *directe*, l'*agnation* et la *gentilité*, formaient trois lignes latérales ; et l'on peut dire que la gentilité était à l'agnation , ce que la parenté collatérale était à la parenté directe.

L'auteur de la maison Claudia s'appelait Appius Claudius ; il eut deux enfans , Caïus et Appius : les descendans d'Appius , quoiqu'ils formassent plusieurs lignes , étaient agnats les uns à l'égard des autres , et gentils à l'égard des descendans de Caïus. Ainsi , les agnats descendaient d'un chef commun moins éloigné , et les gentils descendaient d'un chef commun plus éloigné ; ainsi encore les agnats avaient deux noms communs entre eux, celui de la famille et celui de la branche à laquelle ils appartenaient. Les gentils n'avaient qu'un nom commun : c'était celui de la famille.

Quant à la cognation , elle est aisée à définir. Les agnats étaient parens par les hommes , les cognats l'étaient par les femmes. Le nom de famille déterminait seul la différence. Tous ceux qui s'appelaient du nom commun Claudius , à quelque degré éloigné qu'ils fussent, étaient parens par les hommes ; et à quelque degré rapproché qu'on fût parent de Claudius , si on n'en portait pas le nom , on n'était parent que par les femmes, c'est-à-dire cognat. Cela s'appliquait même à la ligne directe ; car on appelait cognat le fils de la fille.

Voici maintenant les règles pour le partage des successions *ab intestat.*

II. On voit , par cette seconde loi , que la succession

*ab intestat* appartenait d'abord à la ligne directe ; qu'à défaut de celle-ci, elle était déférée aux agnats, et à défaut d'agnats, aux gentils.

1°. *Ligne ascendante.* Le père succédait à ceux de ses enfans qui étaient en sa puissance au moment de leur mort.

Nous avons vu, par la troisième loi de la quatrième Table, que le fils se trouvait émancipé de plein droit, lorsqu'il était affranchi, après avoir été vendu trois fois par son père. On avait donc imaginé ceci pour procurer l'émancipation : le père faisait trois ventes successives, sous la condition de l'affranchissement, et l'émancipation était la suite de ces ventes simulées : or, d'après les Douze Tables, le père succédait à son fils ainsi émancipé, pourvu que, dans la vente, il eût stipulé la condition de l'affranchissement.

La mère ne succédait point à ses enfans : on en verra la raison lorsque je parlerai des cognats.

2°. *Ligne descendante.* Les Douze Tables ne considéraient que le lien civil, et n'avaient nul égard au lien naturel. Ainsi le fils émancipé ne succédait point à son père ; et si, comme je l'ai dit plus haut, celui-ci succédait à son fils, c'était en quelque sorte par droit de patronage.

Pour succéder au père de famille, il fallait être sous sa puissance au moment de sa mort ; mais la représentation était admise, et elle avait lieu à l'infini en ligne directe. Toutefois ceux qui venaient par représentation succédaient par souche, et n'avaient pas plus de droits que le représenté ; ce qui avait lieu en cas de mort comme en cas d'émancipation. Enfin, telle était la rigueur des Douze Tables, que si un enfant n'était pas indiqué nommément dans le testament, il était censé exhérédé.

3°. En ligne collatérale, les règles sont communes pour les agnats et pour les gentils. Les décemvirs appelaient à la succession tous les parens de l'un et de l'autre sexe qui étaient dans le même degré. Un degré plus prochain excluait un degré plus éloigné ; de manière que le frère du défunt avait toute la succession, à l'exclusion des neveux.

4°. Enfin, les cognats ne succédaient qu'à défaut d'agnats et de gentils ; ainsi le parent par mâle, au degré le plus éloigné, excluait le fils de la fille, et généralement tous ceux qui n'étaient parens que par les femmes ; ainsi encore le fils ou la fille ne succédaient point à leur mère, et réciproquement.

Toutes ces règles sont autant de dispositions qui se trouvaient dans les Douze Tables, et que Justinien rapporte dans ses *Institutes*. Les savans auraient pu proposer des textes sur ces indications.

5°. Il faut encore observer que la femme que l'on avait épousée *nuptiis justis*, étant sous la puissance du père de famille, héritait comme l'un des enfans.

## LOI VII.

On prétend que cette loi avait été empruntée des Athéniens, « qui en usaient *de la même manière* à l'é-» gard des personnes tombées en démence et de celles » qui, *par prodigalité, consommaient leur patrimoine* » *dans la débauche.* » Cette assertion contient deux erreurs. D'abord, les lois attiques confiaient la tutelle au parent le plus éloigné. En second lieu, elles ne privaient point le prodigue de l'administration de ses biens : c'est ce que démontre d'une manière victorieuse Bonamy, dans sa dissertation sur les Douze Tables, où il prouve en même tems que la loi *Areopagitæ aso-tos animadvertunto* est apocryphe, et que Samuel Petit a eu tort de la placer parmi les lois attiques. D'ailleurs, quand elle eût existé, on ne voit pas qu'elle prononce l'interdiction contre ceux qui abusent de leur fortune et la dissipent. Terrasson a répété cette double erreur, d'après des écrivains antérieurs à Bonamy ; ce qui est d'autant plus étonnant, qu'il avait sous les yeux le passage de ce savant académicien, car il n'a pas fait difficulté d'en copier une partie.

# TABLE SIXIÈME.

DU DOMAINE DE PROPRIÉTÉ ET DE LA POSSESSION.

—

## I.

Quum nexum faciet mancipiumque uti lingua nuncupassit ita jus esto.

Si un propriétaire vend son bien, ou l'engage, ce qui aura été convenu (en présence de témoins) fera la loi des parties.

Ce texte est tout entier dans Festus, au mot *Nuncupata*, et Cicéron, liv. I *de l'Orateur*, dit que cette disposition est dans les Douze Tables.

## II.

Si inficias ierit duplione damnator.

Si le vendeur ne tient ce qu'il a promis, qu'il soit condamné à payer le double.

Cicéron, *Traité des Devoirs*, liv. III, chap 16 : « Parmi nous, le droit veut que celui qui vend un hé- » ritage avertisse de tous les défauts qu'il lui connaît.

» Par la loi des Douze Tables , le vendeur n'était ga-
» rant que de ce qu'il avait expressément spécifié dans
» les termes du contrat ; et si le vice dont on s'était
» expliqué se rencontrait , il payait le double , *qui in-*
» *ficiatus esset , dupli pœnam subiret.* Mais les juriscon-
» sultes ont aussi établi cette peine contre la réticence
» même , et le vendeur est garant aujourd'hui des vices
» qu'il a connus et qu'il n'a point déclarés.

### III.

## Statuliber emptori dando liber esto.

Si, par son testament, un père de famille a ordonné que son esclave deviendrait libre en payant une certaine somme à l'héritier, et si depuis cet esclave a été vendu, qu'il soit affranchi en donnant cette somme à son nouveau maître.

Cette loi est suffisamment indiquée par Pomponius, ff. , l. XXIX , parag. 1 , *Statuliberis.*

### IV.

## Res vendita transque data[1] emptori non adquiritor donicum[2] satisfactum escit.

---

(1) Pour *tradita.* (2) Pour *donec.*

Que, nonobstant la vente et la tradition, il n'y ait transmission de propriété que par le paiement du prix.

*Institut*. liv. II, tit. 1, parag. 41 : « La chose ven-
» due et suivie de tradition, n'est définitivement ac-
» quise à l'acheteur que lorsqu'il en a soldé le prix.
» Cela est ordonné par la loi des Douze Tables. »

### V.

**Usus auctoritas fundi biennium cæterarum rerum annuus usus esto.**

Que la propriété des immeubles s'acquière par deux ans de possession, et par un an celle des autres biens.

Théophile, dans sa paraphrase des *Institutes*, liv. II, tit. 6, dit qu'après un an de possession, on prescrivait un meuble, soit que ce fût en Italie, soit que ce fût au dehors ; et que l'on acquérait également, après deux ans de possession, la propriété d'un immeuble situé en Italie, si l'on avait possédé de bonne foi, et si, dans cet intervalle, le propriétaire ne s'était pas présenté. Il ajoute : *Et hæc quidem lex XII Tabularum.*

### VI.

**Mulieris quæ annum matrimonii ergo**

apud virum mansit ni trinoctium ab eo usurpandi[1] ergo abescit[2] usus esto[3].

Que la femme libre qui, pendant une année, aura vécu conjugalement avec un homme libre, s'il n'y a pas eu interruption de possession (4) pendant trois nuits, devienne sa femme, et soit soumise à sa puissance.

Aulu-Gelle, liv. III, chap. 2. ( Voyez les explications à la fin de cette Table.)

## VII.

Si qui in jure manum conserunt[5] secundum eum qui possidet.

Ast si quem liberali causa manu adserat secundum libertatem vindicias[6] dato.

Dans les contestations où il s'agira de la propriété, que l'on adjuge la provision à celui qui possède.

---

(1) Usurper, c'était interrompre la possession. (2) Pour *abfuerit*. (3) Pour *usucapta sit*. (4) C'est-à-dire absence pendant trois nuits. (5) *Manum conserere*, en venir aux mains, être aux prises, avoir des débats. (6) *Vindiciæ*, jouissance par provision d'une chose qui est en litige.

Que, dans les questions d'état, on l'adjuge en faveur de la liberté.

Le chap. 9 du liv. X d'Aulu-Gelle, dont M. Bouchaud nous a donné la traduction, prouve seulement que ces mots étaient dans les Douze Tables : *Si qui in jure manum conserunt.* Mais à qui s'adjugeait la provision ? c'est ce qu'Aulu-Gelle ne dit pas. On ne peut le voir que dans cette formule du préteur : *Cui nec vi, nec clàm, nec precariò possidet, ei vindicias dabo.*

Voici maintenant la preuve du second chef; elle est tirée du parag. 24 de la loi II, ff. *de Origine juris* : « Ap-
» pius Claudius, l'un des décemvirs, épris d'amour
» pour Virginie, aposta un homme, qui la revendiqua
» devant lui comme son esclave, et il lui adjugea la
» provision, contre le droit ancien qu'il avait lui-
» même établi dans les Douze Tables, et suivant lequel
» la provision devait toujours être adjugée en faveur
» de la liberté. »

Tite Live dit la même chose, en rapportant l'histoire de Virginie.

## VIII.

Tignum junctum ædibus vinæve ne concape[1] et ne solvito.

Ast qui junxit duplione damnator.

---

(1) Tous les savans se sont exercés sur la véritable signifi-

Si vos matériaux ont été employés par autrui, et sont maintenant joints à sa vigne ou
à ses bâtimens, ne les détachez point pour les
enlever; mais qu'il soit condamné à vous payer
le double.

Festus, au mot *tignum*, dit qu'il s'emploie en parlant non seulement des édifices, mais aussi des vignes,
et il cite en preuve ce texte des Douze Tables.

*Institutes*, liv. II, tit. 1, parag. 29 : « La loi des
» Douze Tables défend de contraindre celui qui au-
» rait employé les matériaux d'autrui dans la construc-
» tion de son bâtiment, à les en retirer; mais aussi elle
» l'oblige à payer le double de l'estimation. »

## IX.

Tigna quandoque sarpta [1] donec demp-
ta erunt vindicare jus esto.

Mais si, par la suite, ils étaient détachés,
vous aurez le droit de les revendiquer.

Justinien ajoute au parag. cité : « On y a pourvu

---

cation de ce mot; mais il paraît, en dernière analyse, que
*concapere* était la même chose que *capere*.

(1) *Sarpta* signifiait une vigne taillée. *Sapere* s'employait
pour *purgare;* on peut donc dire *tigna sarpta*, pour exprimer
des matériaux détachés.

» ainsi pour ne pas rendre nécessaire la démolition de
» l'édifice ; mais s'il arrivait qu'elle eût lieu par toute
» autre cause, le propriétaire pourrait les revendiquer,
» si toutefois il n'avait pas déjà reçu le double de
» l'estimation. »

**X.**

Si vir mulieri repudium mittere volet causam dicito.

Si un mari veut recourir au divorce, qu'il donne de justes motifs.

Cicéron, dans sa seconde *Philippique*, et Gaïus, ff. l. XLIII, *ad. leg. jul.*, indiquent seulement le sens de cette loi.

# EXPLICATIONS

## SUR LA SIXIÈME TABLE.

---

### LOI I.

I. Du tems des décemvirs, toutes les obligations se contractaient en présence de témoins, parce qu'il n'y avait pas d'officier public chargé de les constater par écrit et d'en garder minute. Pour le contrat de vente, indépendamment des témoins qui devaient être au nombre de cinq, il y avait encore un personnage appelé *Libripens*; et voici quelle était sa fonction :

Le cuivre fut d'abord le seul signe représentatif employé dans le commerce. Avant qu'on l'eût réduit en pièces de monnaie, il se pesait, et l'unité monétaire, comme je l'ai dit ailleurs, était l'*as*, ou la livre, qui se divisait en douze onces. Lors donc que l'on convenait d'une vente, on pesait dans une balance le prix convenu, puisque c'était la seule manière dont on pouvait en faire la numération ; et telle était la fonction du *Libripens*.

Comme le paiement était nécessaire à la perfection du contrat de vente, on a, depuis l'introduction de la monnaie, conservé le simulacre de l'ancienne formule. L'acheteur jetait dans la balance une pièce quelconque en signe de paiement ; et, cette formalité accomplie, la vente était parfaite , sauf pourtant la ratification du préteur, qui ne manquait jamais d'avoir lieu lorsque les témoins et le *Libripens* avaient déposé de ce qui s'était passé en leur présence. La troisième loi de la seconde Table, et la loi XII de la septième , se rapportent à celle-ci.

II. *Mancipium* était le contrat de vente absolue et définitive qui transmettait irrévocablement le domaine de propriété. *Nexum* était une espèce de contrat de gage , qui est renouvelé dans notre Code civil sous le nom d'*antichrèse*.

### LOI II.

Terrasson prétend avoir trouvé cette loi ; et , après avoir copié le passage de Cicéron que j'ai rapporté à la suite du texte , il ajoute : « C'est d'après ce passage que j'ai restitué le sens de la loi en ces termes. » J'en suis fâché pour Terrasson ; mais son texte et le passage de Cicéron se trouvent dans Jacques Godefroi , et notre auteur n'a fait qu'ajouter quelques mots qui nuisent au laconisme de la loi. Le texte proposé par Godefroi est répété par Gravina ; ainsi il n'a pas été permis à Terrasson de l'ignorer.

### LOI VI.

I. M. Bouchaud s'est donné la peine de traduire le passage d'Aulu-Gelle qu'on cite en preuve de l'authenticité de cette loi ; mais sans doute il s'est commis à son insu quelques fautes d'impression qui jettent de l'obscurité sur ce passage. Je vais tâcher de le rendre intelligible.

La loi dit qu'une femme libre sera acquise par le droit de prescription, lorsque, pendant une année, elle aura demeuré chez un homme libre, en vue du mariage, pourvu qu'elle ne s'en soit point absentée durant trois nuits.

Il faut d'abord remarquer que, chez les Romains, comme cela est usité parmi nous, le jour civil se comptait d'un minuit à l'autre.

Il faut ensuite se rappeler qu'on entendait par *calendes* le premier jour de chaque mois, et que, pour le mois de janvier, par exemple, les dix-huit derniers jours de décembre s'appelaient jours des calendes de janvier. On les comptait à l'inverse ; de manière que le 19 des calendes de janvier répondait au 14 décembre ; ainsi l'on peut dire indifféremment le 29 décembre, ou le 4 des calendes de janvier.

Ceci posé, on observe que le 1er janvier une *femme libre* a commencé de demeurer avec un homme, dans l'intention du mariage, *causâ matrimonii*, et l'on demande si le 4 des calendes de janvier, ou le 29 décembre suivant, elle est définitivement acquise à titre d'épouse.

On répond que la prescription ne peut s'interrompre que par une absence durant trois nuits entières et accomplies ; que le 4 des calendes de janvier, on n'a plus que trois nuits à compter, mais que les six dernières heures de la dernière nuit appartiennent au premier jour de l'année suivante; que la femme est dans l'impossibilité d'interrompre la possession pendant trois nuits entières, et que, par conséquent, elle est acquise de plein droit.

Tel est le passage d'Aulu-Gelle dont je trouve la traduction dans le commentaire de M. Bouchaud, altérée, comme je viens de le dire, par des fautes d'impression, qui même opèrent un tel contre-sens, qu'il y semble décidé que la femme n'est point acquise. Ce qui eût peut-être trompé tout autre, c'est le mot *usurpata*, qu'on aurait confondu avec *usucapta*. Mais notre savant commentateur a lui-même établi, dans un autre endroit, la différence qui existe entre ces deux expressions. Voici, au surplus, le texte :

*Quintum ( quoque ) Mutium J. C. dicere solitum legi, non esse* USURPATAM *mulierem, quæ cum calendis januariis apud virum causâ matrimonii esse cœpisset, et ante diem quartàm calendas januarias sequentes usurpatum isset* (1) : *non enim posse impleri trinoctium, quòd abesse à viro* USURPANDI CAUSA *ex XII Tabulis deberet; quoniam tertiæ noctis posteriores sex horæ alterius anni essent, qui inciperet ex calendis.*

II. Les Romains regardaient leurs femmes comme

---

(1) Pour *usurpata esset.*

une propriété , car ils les acquéraient par les mêmes voies qu'un héritage , *per emptionem* et *per usucapionem* : c'étaient les deux espèces de mariage le plus en usage. La première espèce se faisait *per œs et libram ,* et l'on mettait, comme simulacre du prix, une pièce de monnaie dans la balance : il est vrai que la femme faisait de même , et c'était une acquisition mutuelle. La loi dont il s'agit fixe de quelle manière s'opérait la prescription par laquelle la femme était acquise de plein droit à titre d'épouse. Il faut ajouter que la possession devait avoir lieu du consentement de son tuteur, et que, l'année révolue, elle passait de la puissance de celui-ci sous la puissance de son mari ; deux observations sur lesquelles tous les savans sont d'accord, hormis le seul Terrasson.

III. Il y avait une autre espèce de mariage plus solennelle que les deux autres , ou plutôt qui ne faisait qu'ajouter un degré de solennité à *l'achat mutuel* qui caractérisait les mariages de la première espèce ; c'était le rit de la confarréation. Je crois inutile d'en parler , parce qu'il n'avait d'influence que sous les rapports religieux , et que d'ailleurs il n'en est point question dans les fragmens qui nous restent des Douze Tables.

# TABLE SEPTIÈME.

## DES DÉLITS.

———

### I.

Si quadrupes pauperiem[1] faxit dominus noxiæ[2] æstimiam offerto si nolet quod noxit dato.

Si un quadrupède a causé quelque dommage, que celui à qui il appartient offre l'estimation, ou, s'il l'aime mieux, qu'il livre l'animal.

*Institutes*, liv. IV, tit. 9 : « L'action noxale a été » introduite par la loi des Douze Tables pour le cas » où des animaux auraient causé quelque dommage. » Suivant les dispositions de cette loi, le maître est » quitte du dommage en livrant l'animal qui l'a

———

(1) *Pauperies* est un dommage causé sans dessein de faire injure. (Voyez *Instit.* liv. IV, tit. 9.)—(2) L'esclave ou l'animal qui a commis le délit s'appelle *noxa*, et le dommage *noxia*. (Voyez *Instit.*, liv. IV, tit. 8.)

» causé; elle est ainsi conçue : *Si equus calcitrosus*
» *calce percusserit : aut bos cornu petere solitus cornu*
» *petierit.* Mais cette action n'a lieu qu'à l'égard des
» animaux qui auraient blessé quelqu'un par un mou-
» vement opposé à leur nature ordinaire, et elle
» cesse quand c'est par une férocité naturelle. Par
» exemple, si un ours qui s'est échappé a blessé quel-
» qu'un, on n'a point d'action contre le maître,
» parce qu'il a cessé de l'être à l'instant où l'animal
» a fui. »

II.

Si rupitias casu sarcito.

Si un dommage a été causé sans dessein
de nuire, qu'on en soit quitte pour le réparer.

Voyez les explications à la fin de cette Table.

III.

Qui fruges[1] excantassit[2] Cereri necator.

Que celui qui aura usé d'enchantement pour
nuire aux récoltes soit dévoué à Cérès et mis
à mort.

---

(1) Pothier sous-entend *alienas.* (2) *Excantare*, enchanter,
ensorceler.

Pline, liv. XX, chap. 2, dit que l'on trouve dans les Douze Tables ces mots : *Qui fruges excantassit.* ( Voyez sur le surplus les explications à la fin de cette Table ).

### IV.

**Qui frugem aratro quæsitam furtim nox pavit secuitve suspensus Cereri necator.**

**Impubes prætoris arbitratu verberator noxiamque duplione decernito.**

Que celui qui mènera paître la nuit furtivement des bestiaux dans les récoltes d'autrui, ou qui coupera ces récoltes, soit pendu à un arbre, et dévoué à Cérès.

Si c'est un impubère, il paiera le double du dommage, et sera battu de verges à l'arbitrage du juge.

Pline, liv. XVIII, chap. 3, en rapportant ce texte, dit que par les Douze Tables ce genre de délit était estimé plus grave que l'homicide.

### V.

**Qui ædes acervum-ve frumenti ad ædes**

positum dolo sciens incensit [1] vinctus verberatus igni necator.

Ast si casu noxiam sarcito si nec idoneus escit levius castigator.

Si quelqu'un a méchamment incendié un édifice ou une meule de blé placée près d'un bâtiment, qu'il soit mis aux fers, battu de verges, et qu'il périsse par le feu.

Si c'est par négligence, qu'il répare sa faute; et s'il est insolvable, qu'il subisse une peine légère.

Gaïus, liv. IV, sur la loi des Douze Tables ( Voyez ff. *de Incendio*, l. 9. ) : *Qui œdes acervumque frumenti juxta domum positum combusserit, vinctus, verberatus, igni necari jubetur : si modo sciens prudensque id commiserit. Et vero si casu, id est, negligentiâ, aut noxiam sarcire jubetur, aut si minus idoneus sit, levius castigatur. — Appellatione autem œdium omnes species œdificii continentur.*

## VI.

Si qui injuriam alteri faxit 25 æris pœnæ sunto.

_______________

[1] Pour *incenderit*.

Si l'on fait une simple injure, que la peine soit de 25 livres d'airain.

Aulu-Gelle, liv. XX, chap. 1er, copie ce texte, et dit qu'il est dans les Douze Tables.

## VII.

Si qui pipulo[1] occentassit[2] carmen-ve[3] condissit[4] quod infamiam faxit flagitium-ve[5] alteri fuste ferito.

Si quelqu'un, par ses propos ou par ses écrits, a diffamé un citoyen, qu'il meure sous le bâton.

Cicéron, dans son quatrième liv. *de la République*, rappelé par saint Augustin, *Cité de Dieu*, liv. II, ch. 9, faisant parler Caton, blâme les coutumes des Grecs, qui permettaient à leurs poètes d'insulter sur le théâtre les personnages les plus éminens, et même les plus vertueux; et il oppose les lois des Douze Tables en ces termes : *Nostræ contrà XII Tabulæ cùm perpaucas res capite sanxissent ; in his hanc quoque sanciendam putaverunt, si quis actitavisset* (6) , *sive carmen condidisset*

---

(1) Pour *convicio*. (2) C'est-à-dire *convicium fecerit*. (3) Signifie toute espèce d'écrits outrageans. (4) Pour *condiderit*. (5) Pour *dedecus*. (6) Pour *occentavisset*. (Note du scoliaste.)

*quod infamiam faceret , flagitium-ve alteri.* Saint Augustin assure avoir copié ce passage mot à mot. (Voyez les explications à la fin de cette Table. )

## VIII.

Si membrum rupsit ni cum eo pacit talio esto.

Si quelqu'un rompt un membre, et s'il ne transige, qu'il subisse le talion.

*Institut.* , liv. IV, tit. 4, parag. 7 : *Pœna autem injuriarum , ex lege XII Tabularum , propter membrum quidem ruptum ,* TALIO *erat.*

## IX.

Qui os ex genitali fudit libero 3oo servo 15o æris pœnæ sunto.

Que celui qui aura déplacé un os à quelqu'un paie 3oo as si c'est à un homme libre, et 15o si c'est à un esclave.

Voyez les explications à la fin de la Table.

## X.

Si tutor dolo malo gerat vituperato.

Quandoque finita tutela escit furtum duplione luito.

Si un tuteur use de mauvaise foi dans sa gestion, qu'il subisse le blâme ; et s'il a distrait quelque chose appartenant au mineur, que, la tutelle expirée, il soit condamné à payer le double.

Cette loi n'est qu'indiquée ff. l. 1 , parag. 2 , *de Suspectis Tutoribus*, dans les *Institut.* ; au même titre ; par Cicéron, liv. I<sup>er</sup> *de l'Orateur*, et liv. III *des Devoirs*, etc. Rapporter tous les passages serait trop long pour l'utilité qu'on en retirerait.

## XI.

Patronus si clienti fraudem faxit sacer esto.

Si un patron commet quelque fraude envers son client, qu'il soit exécrable (1).

Servius, sur le sixième livre de l'*Enéide*, rapporte ce texte, et l'attribue aux Douze Tables. Il vivait avant

______

(1) *Sacer esto.* Cette formule vient des lois royales, aussi bien que la loi en question. Quand un homme avait été déclaré exécrable, chacun pouvait le tuer impunément.

Macrobe, qui fait mention de lui; ainsi les Douze Tables existaient encore de son tems.

## XII.

Qui se sirit[1] testarier[2] Libripens-ve fuerit ni testimonium fariatur[3] improbus intestabilisque esto.

Que celui qui aura servi de témoin, ou qui aura rempli les fonctions de *Libripens* dans un contrat, s'il refuse d'en déposer, soit déclaré infâme, indigne de rendre témoignage et de trouver des témoins, et incapable de tester et d'être légataire.

Aulu-Gelle, liv. XV, chap. 13, rapporte ce texte, et dit qu'il est dans les Douze Tables.

## XIII.

Si falsum testimonium dicassit[4] saxo dejicitor.

Que le faux témoin soit précipité du haut de la roche tarpéienne.

----

(1) Pour *permiserit*. (2) Pour *in testem adhiberi*. (3) *Si in testimonium non feriatur*. (4) Pour *dixerit*.

Cæcilius, dans Aulu-Gelle, liv. XX, chap. 1<sup>er</sup>, rapporte ce texte en parlant des délateurs qui portent tous les jours le deuil dans les familles, et regrette que cette loi ne soit plus en vigueur.

## XIV.

Si qui hominem liberum dolo sciens morti duit[1] qui-ve malum carme incantassit malum-ve venenum faxit duit-ve parricida esto.

Que celui qui a donné volontairement la mort à un homme libre soit déclaré parricide (2) ; qu'il en soit de même de celui qui aura usé de maléfices pour nuire à quelqu'un, et de celui qui aura préparé ou donné du poison.

La première partie de cette loi est indiquée par Pline, liv. XVIII, chap. 3 ; la seconde par le même auteur, liv. VIII, chap. 2 ; et la troisième par un fragment de *Festus*, dont Scaliger a rempli les lacunes.

## XV.

Qui parentem necassit caput obnubito

---

(1) Pour *dederit*. (2) On a long-tems appelé ainsi le simple homicide.

culeoque insutus in profluentem mer-
gitor.

Que l'on voile la tête de celui qui aura tué son père ou sa mère; qu'il soit cousu dans un sac de cuir, et englouti par le fleuve.

Ce texte est composé des deux que voici. L'auteur du traité *ad Herennium* dit, liv. I, chap. 13 : *Qui parentem necasse judicatus erit is obvolutus et obligatus corio dejiciatur in profluentem.*

Et *Festus*, au mot *Nuptias: Caput ejus obnubere qui parentem necavisset.*

# EXPLICATIONS

## SUR LA SEPTIÈME TABLE.

### LOI II.

Je n'ai adopté ce texte que sur l'autorité de Jacques Godefroi; car il faut convenir que les deux passages qu'il cite en preuve donnent à peine de légères présomptions.

Terrasson veut que *rupitias* et *sarcito* soient de l'ancienne langue osque. *Festus* ne leur donne point cette origine, et dit que RUPITIAS *in XII Tabulis significat* DAMNUM DEDERIS, et que SARCITO s'employait pour DAMNUM SOLVITO. La différence qu'on remarque entre quelques leçons n'est pas assez considérable pour influer sur le sens de la loi.

M. Bouchaud ne veut pas introduire dans le texte le mot *cásu* qu'y a mis Jacques Godefroi; je crois cependant qu'il est nécessaire pour donner quelque signification à cette loi, car autrement il faudrait traduire comme l'a fait M. Bouchaud : « Si l'on a fait » quelque dommage de propos délibéré, que ce dom- » mage soit réparé; » ce qui ne peut être un texte de loi. En effet, chez tous les peuples, il n'y a pas eu de code qui n'ait ordonné la réparation des dommages;

mais, selon l'esprit de chaque législation, la réparation était proportionnée aux circonstances qui avaient
accompagné le délit : ainsi le dommage fait de propos
délibéré ou dans l'intention de nuire, a été, chez plusieurs nations policées, comme il l'est encore aujour-
d'hui, puni plus sévèrement que le dommage causé sans
dessein ; et cette différence est parfaitement dans l'esprit des Douze Tables. Il est donc plus naturel de
croire, avec Jacques Godefroi, que nous n'avons pas
le texte qui statue sur le dommage fait de dessein pré-
médité, et que celui que l'on présente ici n'a pour
objet que le simple dommage causé sans intention de
nuire, lequel par conséquent ne donnait lieu qu'à une
simple réparation. M. Bouchaud convient lui-même,
à la fin de son article, que la loi *Aquilia* a fait oublier
les dispositions des Douze Tables.

Pothier ne veut point non plus du mot *casu*, parce
qu'il l'interprète *par hasard*, et qu'il trouve alors
quelque chose d'inique dans la loi : *Ab æquitate decem-
virorum prorsus alienum est ;* mais si *casus* signifie aussi
*accident*, *faute*, l'injustice disparaît, car un accident
peut être la suite d'une imprudence, et alors l'impru-
dent est tenu à une réparation. C'est dans ce sens
que Revard a entendu le texte, et c'est dans ce sens
que *casu* est employé dans la cinquième loi de cette
Table.

LOI III.

M. Bouchaud complète le texte par ces deux mots

12

*Cereri necator.* Je conviens avec lui que cette peine est parfaitement dans l'esprit du législateur, et qu'elle est suffisamment indiquée par la disposition de la loi qui suit; car si l'on a prononcé la peine de mort contre ceux qui, par des moyens humains, causaient du dommage aux récoltes, on n'aura pas été moins sévère envers ceux qui usaient d'enchantement dans les mêmes vues. On croyait alors en effet qu'il était possible, à l'aide de la magie, de transporter des moissons d'un lieu dans un autre. Mais je crois que M. Bouchaud se trompe lorsqu'il cite saint Augustin. (*De Civ. Dei*, liv. VIII, chap. 19.) J'ai ce texte sous les yeux, et je le trouve ainsi conçu : *Nonne in XII Tabulis, id est, Romanorum antiquissimis legibus, Cicero commemorat esse conscriptum, ei qui hoc fecerit* SUPPLICIUM CONSTITUTUM; mais il ne dit pas lequel. (Voyez *édit. de Paris*, 1613.)

LOI VI.

I. Terrasson, à l'occasion de la huitième loi de la seconde Table, comme sur celle-ci, se récrie sur la modicité de la peine, et il veut que, dans le cas où des arbres ont été coupés, une réparation aussi légère ne soit ordonnée que contre celui qui ne les aura point emportés. Voici comment il s'explique : « L'*as* romain, » autrement appelé *libra*, était, dans son origine, la » dixième partie du denier romain, et ce denier » valait 10 sous de notre monnaie; de sorte que les » 25 *as* dont il est parlé dans cette loi (c'est la 17e

» de sa nomenclature ) équivalent à 25 sous. » C'est d'après cette évaluation qu'il trouve la peine trop légère.

L'étonnement de Terrasson eût été plus grand, s'il eût réfléchi que, dans le tems même qu'il écrivait, l'opinion générale n'élevait pas l'*as* au dessus de six deniers tournois; ce qui ne donnerait que 12 s. 6 den. pour l'amende dont il s'agit ici. Je ne vois pas sur quelle donnée il a évalué à 10 s. tournois le denier romain qui en valait trente, et pourquoi, par la tournure de sa phrase, il donne à penser que l'origine de l'*as* est postérieure à celle du denier, ou tout au moins du même tems, lorsqu'il est bien avéré, d'après les fastes du Capitole, que cette dernière monnaie n'a commencé d'être frappée qu'en l'an 485 de Rome.

II. Comme il sera encore question de peines pécuniaires dans cette Table, je crois devoir donner ici des notions exactes sur la première monnaie des Romains, et je mettrai tout le monde à portée de la comparer avec la nôtre, non d'après sa valeur intrinsèque, mais d'après ses rapports avec le prix des denrées; ce qui la fera plus facilement apprécier.

1°. Du tems de Romulus, le commerce ne se faisait que par échange; mais Numa fit faire des morceaux ou des lingots de cuivre pour servir dans les paiemens; ils n'avaient point de forme ni de grandeur déterminée; de sorte qu'on les pesait toutes les fois qu'on s'en servait dans le commerce. Un homme était spécialement chargé de cette fonction, et ce fut l'origine de l'office de *Libripens*.

Dans cet état des choses, la livre pesant de cuivre était l'unité monétaire; elle s'appelait *æs grave*, et se divisait en douze parties qu'on appelait *unciæ*.

2°. Servius fut le premier qui donna à la monnaie un type, une forme et une pesanteur déterminés; il fit battre des pièces de cuivre qui pesaient une livre ou douze onces, et chacune de ces pièces prit le nom d'*as*, que Varron fait venir de *ab ære*. Voici en quelles pièces cette unité fut divisée :

| | |
|---|---|
| *As*. . . . . . . | 12 onces. |
| *Triens*. . . . | 4 onces, ou le tiers de l'*as*. |
| *Quadrans*. . | 3 onces, ou le quart de l'*as*. |
| *Sextans* . . . | 2 onces, ou le sixième de l'*as*. |
| *Uncia*. . . . | 1 once. |
| *Sextula* . . . | le sixième de l'once. |

On voit, par cette dernière pièce, que l'*as* était de quelque valeur dans le commerce.

3°. Voici maintenant le rapport de cette monnaie avec les denrées qu'elle représentait :

Varron nous apprend, d'après le poète Lucilius, que pour passer le bac entre Rome et l'Aventin, lorsque cet intervalle était encore couvert d'eau, il en coûtait un *quadrans*. La loi *Fannia* défendit de dépenser plus de 100 *as* dans un festin. Cincinnatus, contemporain des décemvirs, et l'un des plus riches patriciens, fut ruiné par l'amende de 30,000 *as* que la fuite de

Céson, son fils, l'obligea de payer. Ainsi, en admettant même l'évaluation de Terrasson du tems des Douze Tables, la fortune du plus riche d'entre les Romains ne s'élevait pas au delà de 1500 liv. tournois.

Voici encore d'autres données :

Avant l'introduction de la monnaie, les amendes se payaient en bestiaux, et depuis elles furent encore long-tems ainsi évaluées. La plus forte amende était de trente bœufs et deux moutons (1). Lorsque l'on commença de les payer en cuivre, chaque mouton fut évalué 10 *as*, et chaque bœuf fut apprécié à 100. Ainsi l'amende de 25 *as*, prononcée par les Douze Tables, revenait à deux moutons et demi, et celle de 300 *as*, que l'on verra dans une loi suivante, représentait trois bœufs. On peut, d'après ces éclaircissemens, apprécier les peines pécuniaires établies par les décemvirs, et saisir les proportions qu'ils ont observées.

## LOI VII.

Le passage cité à la suite du texte ne prouve pas ces

_______________

(1) J'ai suivi l'opinion généralement établie d'après le témoignage de Festus et d'Aulu-Gelle. Cependant M. Invernisi, jurisconsulte italien, dans son traité *De publicis et criminalibus judiciis*, imprimé à Rome en 1787, corrige le texte de ces deux écrivains, et leur oppose un passage de Denys d'Halicarnasse ; mais toute cette discussion n'est relative qu'au *maximum* de l'amende, et ne détruit point la valeur donnée à chaque bœuf et à chaque mouton.

deux mots , *fuste ferito*. J'entre dans quelques détails sur le supplément de preuves, parce que c'est ici un des textes les plus connus, et qu'il tient d'ailleurs à un point important de législation.

Un annotateur de saint Augustin est porté à n'entendre par ce mot *capite*, qui est seul dans le texte pour indiquer la peine, que l'interdiction de l'eau et du feu, c'est-à-dire du bannissement que *Festus* appelle *capitis diminutio* ; système assez ingénieux, mais auquel on peut répondre.

1°. Voici d'abord un passage d'Horace, ép. 1, liv. II. Je copie la traduction de Batteux. « Nos aïeux, » ces hommes simples qui vivaient à la campagne dans » la plus sobre frugalité, se faisaient un devoir, quand » ils avaient renfermé leurs moissons, et qu'ils vou- » laient jouir d'un repos long-tems attendu, d'offrir, » avec leurs épouses fidèles et leurs enfans compa- » gnons de leurs travaux, un porc à la déesse de la » Terre, une coupe de lait au dieu Silvain, et au génie » qui nous rappelle la brièveté de la vie, du vin et des » fleurs. Ce fut dans ces fêtes qu'on inventa les vers » fescennins, qui étaient une sorte de dialogue en » traits libres et mordans. Ces amusemens se renou- » velèrent d'année en année; mais ayant dégénéré en » satires cruelles, les honnêtes gens offensés firent » des plaintes; les autres sentirent qu'il y allait de » l'intérêt commun. *Enfin, il y eut une loi et une peine* » *portée contre quiconque ferait des vers mordans.* La

» CRAINTE DU BATON (1) *rendit sages les poëtes ; et les*
» *réduisit à se contenter de plaire et d'amuser.* »

On a prétendu que cette punition fut substituée à celle qu'avaient ordonnée les Douze Tables ; mais ce passage prouve suffisamment que ce fut la première que prescrivit l'*intérêt commun* dont parle le poëte.

2°. Ce qui va au surplus lever toutes les difficultés, c'est le témoignage de Cornutus, qui dit positivement, à l'occasion de deux vers de la première satire de Perse : *Propter quod lege XII Tabularum cautum est, ut* FUSTI-BUS FERIRETUR *qui publicè inveheretur.*

Cornutus, qui a commenté Perse et Virgile, vivait avant Macrobe, puisque celui-ci en fait mention. Ainsi de son tems les Douze Tables existaient encore, soit dans les écrits des jurisconsultes, soit dans les dépôts judiciaires, et elles étaient connues de tout le monde. J'observe qu'il ne faut point confondre le commentateur de Perse avec un autre Cornutus, philosophe stoïcien, dont ce poëte fut le disciple.

3°. Il résulte donc de toutes ces observations, et en rapprochant les expressions de Cicéron de celles de Cornutus, que les Douze Tables prononçaient la peine capitale contre les diffamateurs, et que cette punition s'exerçait *fuste*.

_______________

(1) *Formidine fustis.* Cette punition est très-ancienne, dit le traducteur ; on l'appelait *fustuarium supplicium.* Le vieux scoliaste dit à ce sujet : *La crainte du bâton empêche les chiens de mordre.*

## LOI IX.

I. Si os fregit . . . . . æris sunto. Rosin, qui
écrivait avant Théodore Marcille et Jacques Godefroi,
rapporte ces deux parties du texte, et les prouve par
deux autorités dont une me suffit, c'est celle de Justinien, qui dit, parag. 7, tit. 4, liv. IV des *Institutes*, en attribuant cette disposition aux Douze
Tables : *Propter os vero fractum nummariæ pœnæ erant
constitutæ;* et il justifie cette disposition, en disant
que la peine pécuniaire était assez grande en raison
de la pauvreté des anciens Romains. Il ne reste donc
plus qu'à savoir quelle était la quotité de la peine. On
remplit cette lacune à l'aide d'un texte de Paul, cité
par l'auteur de la *Conférence des lois romaines et mosaïques*. Ce texte est ainsi conçu : *Injuriarum actio aut
legitima est, aut honoraria. Legitima ex XII Tabulis :
qui injuriam alteri faxit 25 sestertiorum pœnam subito.* QUÆ LEX GENERALIS FUIT LIBERO, TRECENTOS,
SERVO 150 PŒNAM SUBITO SESTERTIORUM. P. Pithou,
et, d'après lui, J. Godefroi, corrigent ainsi cette dernière disposition : QUI OS EX GENETALI FUDIT, LIBERO
300 SERVO 150 PŒNAM SUBITO SESTERTIORUM; cor-
rection sans laquelle ce texte ne pourrait servir de
preuve pour la loi qui nous occupe ; et J. Godefroi
interprète ensuite, *qui os genetali fudit* par *qui dentem
ex gengiva excusserit;* de manière que celui qui aurait
fait sortir une dent de la gencive, paierait 300 *as*, si
c'était à un homme libre, et 150 à un esclave.

II. Quelque respectable que soit l'autorité de J. Godefroi, surtout lorsqu'elle est jointe à celle de P. Pithou, on ne peut disconvenir que l'esprit général des Douze Tables repousse une pareille interprétation. D'ailleurs, le fragment de Paul, rapporté par le compilateur des lois mosaïques, m'est d'autant plus suspect, que j'y vois le mot de *sesterce* dans un texte qu'on attribue aux Douze Tables, tandis que cette monnaie n'a été introduite qu'environ deux cents ans après les décemvirs. Il vaut mieux rejeter un texte aussi considérablement altéré, que de détruire, en l'admettant, l'harmonie de la loi.

Réduit à de simples conjectures, je préférerais l'opinion de Saumaise, qui restitue ainsi le passage de Paul : Qui ossa fraxit libero tercenti æris servo centum et quinquaginta pœnæ sunto.

III. Il reste une dernière difficulté. La loi précédente parle d'un membre rompu, celle-ci d'un os brisé, et il est difficile d'établir une différence entre ces deux espèces. S'il était possible, comme l'ont pensé quelques savans, d'interpréter *os fractum* par *os de suo loco motum*, ce qui reviendrait à *os luxum* ou *luxatum*, il en résulterait que la peine du talion était ordonnée contre les *fractures*, et une peine pécuniaire contre les *luxations*; car, en effet, il est physiquement possible de rendre fracture pour fracture, mais non pas luxation pour luxation.

Cependant cette interprétation paraîtra forcée à ceux

qui sauront que, du tems de Festus, le mot *luxus* était en usage, qu'on disait *luxa membra, è suis locis mota*. Je dirai donc comme Rosin dans une autre occasion : *Judicent eruditi*.

### LOI XII.

Cette loi a besoin de quelques éclaircissemens. J'ai parlé plus haut de l'origine des fonctions de Libripens. Lorsque la monnaie fut en usage, et qu'il fut possible de faire la numération des espèces, on n'en conserva pas moins la formule *per æs et libram*, qui n'était plus alors qu'un simulacre, mais qui donnait la perfection au contrat ; de cette manière se faisaient la vente, l'émancipation et même les testamens ; et si l'acheteur n'avait pas jeté une pièce de monnaie dans la balance, le contrat était nul.

Tous les contrats, de quelque nature qu'ils fussent, ne s'écrivaient pas d'abord. Le consentement des parties intervenait en présence du Libripens et de cinq témoins appelés à cet effet, et qui étaient chargés d'attester au préteur, en cas de besoin, la vérité de la convention, et les clauses du contrat. C'est par cette raison que les décemvirs ont cru devoir déclarer infâme celui qui, ayant consenti de paraître à une convention, refusait ensuite de déposer en justice, et qu'ils l'ont en outre privé de la faculté d'être témoin comme d'en requérir, de tester comme d'accepter un legs; quatre circonstances qui se trouvent renfermées dans ce seul mot *intestabilis*. Plusieurs interprètes n'ont voulu y voir que l'incapacité de rendre témoignage ; mais c'est une erreur. Voici au surplus comme l'on procédait pour les contrats, surtout pour les testamens, et quels changemens y ont été apportés.

On fait dériver *testamentum* de *testatio mentis*, déclaration de la pensée. Dans l'origine, on pratiquait deux sortes de testamens, l'un appelé *calatis comitiis*, et l'autre *procinctum*.

1°. Le crieur public parcourait toute la ville et convoquait les comices ; ensuite le testament s'écrivait en présence du peuple assemblé, et c'est pourquoi cette sorte de testament s'appelait *calatis comitiis* ; mais cette formalité n'avait lieu qu'en tems de paix.

2°. Quand quelqu'un se disposait à partir pour la guerre, incertain du sort qui l'attendait, il voulait laisser des dispositions testamentaires ; alors, et dès qu'il s'était couvert de ses armes, il déclarait ses dernières volontés. Ce testament s'appelait *procinctum*, parce que *procinctus* signifiait celui qui a mis sa ceinture de guerre, et qui est disposé au combat.

3°. Mais comme les comices n'étaient assemblés que deux fois l'année pour recevoir les testamens, et qu'il y avait des intervalles de paix, on ne pouvait pas dans tous les tems observer l'une ou l'autre de ces deux formes de tester ; c'est pourquoi on en introduisit une troisième, qui fut appelée *per æs et libram*.

C'était en quelque sorte une *mancipation* ou vente, dans laquelle celui qui voulait disposer figurait comme vendeur, et le légataire universel comme acquéreur; mais elle n'était que simulée. Elle se faisait en présence de cinq témoins et du Libripens, qui tous devaient être citoyens romains, et en âge de puberté. Celui que le testateur désignait comme devant lui succéder était censé acheter l'hérédité. On prononçait certaines formules consacrées à cet usage. Le prétendu acheteur jetait dans la balance une pièce de monnaie en signe de paiement, et le prétendu vendeur imposait, comme condition du contrat, l'obligation d'acquitter, à ceux qu'il désignait, les legs particuliers qu'il voulait faire.

4°. Cette dernière forme de testament fut long-tems en usage, et les deux autres tombèrent en désuétude. Mais il est facile de se figurer combien de graves inconvéniens résultèrent de cette manière de transmettre l'hérédité, et que la cupidité des légataires les porta à dépouiller le testateur avant le tems, abusant ainsi des formes qu'on avait employées : ce qui fut cause que ceux qui paraissaient comme vendeurs dans ces sortes de contrats, cessèrent d'y admettre nommément un acheteur, et se réservèrent de le désigner en secret sur des tablettes qui n'étaient ouvertes qu'après leur mort.

Tout ceci eut lieu tant qu'on ne suivit que les Douze Tables et les interprétations des jurisconsultes. Voici maintenant les changemens qui furent apportés par les préteurs :

5°. Ces magistrats interdirent la forme des ventes

simulées, et augmentèrent de deux le nombre des témoins. (L'office de Libripens n'était plus nécessaire.) Ils voulurent que les dispositions testamentaires fussent écrites, et qu'elles fussent garanties par la signature et le cachet des sept témoins; et ces formalités accomplies, le testament avait reçu sa perfection.

6°. Ainsi, avant comme après l'introduction du droit prétorien, celui qui avait paru comme témoin dans un testament ou dans une vente, devait faire sa déposition devant le préteur; dans le premier cas, pour attester les conventions qui avaient été arrêtées en sa présence; dans le second, pour reconnaître sa signature et son cachet.

Mais toutes personnes ne pouvaient pas indistinctement servir de témoins dans ces sortes d'actes : on n'y admettait ni les femmes, ni les impubères, ni les esclaves, ni les furieux, ni les muets, ni les sourds, ni les interdits, *neque ii quos leges jubent* IMPROBOS INTESTABILES ESSE.

Et quels sont ceux que la loi déclare *improbos intestabilesque?* On les définit par un exemple.

Quelqu'un, voulant faire son testament, a pris Titius pour l'un de ses témoins, et celui-ci a donné sa signature et apposé son cachet; mais, après la mort du testateur, il a refusé de venir reconnaître l'un et l'autre. Les lois veulent qu'un tel homme soit odieux; elles lui interdisent la faculté de tester et d'être légataire; elles ne veulent pas qu'à l'avenir il puisse être témoin dans aucun testament, et c'est ce qu'on appelle *improbus et intestabilis*.

7°. J'ai cru devoir donner ces éclaircissemens pour rappeler toutes les manières de tester qui étaient en usage sous le droit ancien, et pour que l'on soit à portée de connaître toute l'étendue du mot *intestabilis*, que d'autres écrivains me semblent avoir mal interprété. Je me suis servi de la paraphrase grecque de Théophile pour les détails historiques.

# TABLE HUITIÈME.
### RÈGLES POUR LES HÉRITAGES.]

—

## I.

Ambitus parietis sestertius pes [1] esto.

Qu'on laisse entre deux bâtimens l'espace de deux pieds et demi.

Les deux premiers mots sont donnés par Varron, *De Lingua latina*, liv. IV, tit. 4, et le reste est pris dans *Volusius Mæcianus :* mais rien ne prouve que ces deux parties rapprochées aient fait une loi des Douze Tables.

## II.

Sodales legem quam volent dum ne quid ex publica corrumpant sibi ferunto.

Les communautés d'arts et métiers pourront

---

[1] *Pes sestertius*, id est, *duo pedes et semis.*

se faire des lois particulières, pourvu qu'elles ne dérogent point au droit public.

Ce texte est rapporté par Gaïus, l. dern., ff. *De Collegiis* ; mais il ne dit pas qu'il ait fait partie des Douze Tables.

## III.

Intra quinque pedes æterna auctoritas esto.

Qu'on laisse entre les héritages de campagne un espace de cinq pieds, et qu'il ne puisse être jamais prescrit.

## IV.

Si jurgant[1] ad fines finibus regundis prætor arbitros tris addicito.

S'il s'élève des contestations sur les limites, que le préteur nomme trois arbitres.

Cicéron, *Traité des Lois*, liv. Ier, dit que les philosophes de la secte académique sont tous unanimement convenus que le vrai bien consiste dans la jouissance des choses utiles à la vie, pourvu qu'elles soient

---

(1) *Jurgatione significat juris actionem.*

conformes à la nature ; au lieu que Zénon, chef des stoïciens, n'a voulu reconnaître pour bien que ce qui est honnête. Cicéron ajoute que ces différentes sectes sont en dispute sur les termes, et non sur le fond ; que les anciens ont dit que l'honnête est le souverain bien, et son opposé le souverain mal, et que Zénon a appelé l'un le seul bien, et l'autre le seul mal. Il dit ensuite : « C'est de cette différence d'expres-
» sions, et non de choses, qu'est venue leur dispute
» sur les limites (1), dans laquelle, *puisque les Douze*
» *Tables accordent cinq pieds qui ne peuvent être pres-*
» *crits*, nous ne souffrirons pas que Zénon anticipe
» sur le domaine de l'Académie (2) ; et *nous serons*
» *trois commissaires pour régler les limites*, quoique la
» loi *Manilia* n'en accorde plus qu'un. »

Ce passage prouve la 3<sup>e</sup> comme la 4<sup>e</sup> loi.

V.

**Si arbor in vicini fundum impendet quindecim pedes altius sublucator.**

Si un arbre nuit par ses branches à un héritage voisin, qu'il soit élagué jusqu'à la hauteur de quinze pieds.

---

(1) *De finibus*, dit le texte ; ce qui présente une double acception qu'il serait difficile de rendre en français.

(2) Cicéron était de la secte académique.

. . Cette loi est indiquée d'une manière positive par Ulpien, ff. l. 1, parag. 8, *De arboribus cædendis*.

## VI.

Si glans[1] in em[2] caduca siet domino legere jus esto.

Si des fruits tombent sur une terre voisine, qu'il soit permis au propriétaire de l'arbre de les ramasser.

Pline, liv. XVI, chap. 5 : « Par la loi des Douze » Tables, il est permis à chacun de prendre son gland » où il le trouve. »

## VII.

Si aqua pluvia manu nocet prætor arcendæ aquæ arbitros tris addicito noxæque domino cavetor.

Si quelqu'un transmet à son voisin les eaux pluviales d'une manière nuisible, que celui-ci ait action, et que le préteur nomme trois arbitres.

---

(1) *Glandis appellatione omnis fructus continetur.* (2) *In eumdem fundum vicini.* C'est la suite de la cinquième loi.

*Si aqua pluvia nocet.* Pomponius, ff. l. 21, *De sta-tuliberis.*

Paul, ff. l. 5, *Ne quid in loco publico*, etc., dit que, par la loi des Douze Tables, celui à qui on transmettait les eaux d'une manière nuisible, avait l'action pour s'en garantir.

Et Cicéron, dans ses *Topiques*, liv. IX, dit qu'il y aura des arbitres.

## VIII.

Via in porrecto octo pedes in amfracto sexdecim pedes lata esto.

Qu'on donne aux chemins publics huit pieds de large en ligne droite, et seize pieds quand le chemin est courbe.

Gaïus, ff. l. 8, *De servitutibus præd. rust. Viæ latitudo ex lege duodecim Tabularum in porrectum octo pedes habet: in anfractum, id est, ubi flexum est, sedecim.*

## IX.

Si via per amsegetes immunita escit qua volet jumentum agito.

Si les propriétaires riverains négligent de faire réparer la voie publique, que les voyageurs puissent, avec leur voiture, passer sur celui des deux champs qu'ils voudront.

Cicéron, p. *Aulus Cœcina : Si via sit immunita* (lex) *jubet, quà velit, agere jumentum.*

# EXPLICATIONS

## SUR LA HUITIÈME TABLE.

### LOI III.

Il paraît, par un texte de Gaïus, ff. l. dernière, *finium regundorum*, que les décemvirs avaient, en quelque sorte, *quodam modo*, à l'imitation de Solon, établi d'autres règles encore sur les limites et les intervalles qui devaient séparer les biens de campagne, et même sur les plantations; mais on ne connaît nullement ces autres dispositions. C'est pour cela qu'après la seconde loi de cette huitième Table, J. Godefroi a mis ces mots: *De finium ratione* LEX INCERTA, *ad exemplum legis atticæ Solonis*, pour indiquer seulement la place que devrait occuper cette loi, dont les dispositions ne nous sont pas connues. Mais Terrasson a pris ce titre de J. Godefroi pour un texte positif; il a fait mieux, il l'a mêlé avec la loi 3 qui le suit; il a fait mieux encore, il a pris pour deux lacunes, que J. Godefroi n'avait pas osé remplir, le blanc qui sépare le titre de cette loi qui manque, de la loi qui précède et de celle qui suit; et, plus hardi que J. Godefroi, il promet de remplir ces deux lacunes; il prétend même que cela n'est pas difficile : en conséquence, et avant le *titre*, il met d'abord ces mots, que sans doute il aura trouvés dans le vocabulaire des *Osques : Ut. non. sit. amplius;* mais en nous parlant ensuite de Solon et des décemvirs, il oublie soudain la seconde lacune, et nous laisse ce beau texte : UT. NON. SIT. AMPLIUS. DE. FINIUM. RATIONE. LEX. INCERTA. AD. EXEMPLUM. LEGIS. ATTICÆ. SOLONIS. INTRA. QUINQUE. PEDES. ETERNA. AUCTORITAS. ESTO.

Ce n'est qu'avec le secours de la syntaxe des *Osques* qu'on peut entendre quelque chose à cette construction. Voici comment il la traduit : *Afin que les bornes des héritages ne soient plus incertaines et arbitraires, qu'à l'exemple d'une loi de Solon* (1), *il y ait un espace de cinq pieds entre le champ d'un particulier et celui de son voisin, et l'on ne pourra point prescrire contre cet établissement.*

Il faut convenir qu'il y a peu de savans de cette force-là ; il ne faut plus s'étonner de ce qu'à l'occasion de la loi qui suit, le même écrivain s'élève fortement contre Grotius, pour avoir dit que *l'air est une chose commune à tous les hommes, et qu'il ne peut point passer en propriété.*

---

(1) C'est bien connaître l'esprit des décemvirs !

# TABLE NEUVIÈME.

## DU DROIT PUBLIC.

———

### I.

**Privilegia ne inroganto** [1].

Que la loi soit pour tous, et qu'elle ne concerne aucun en particulier.

Cicéron, *Traité des lois*, liv. III.
Voyez la loi IV et les explications à la fin de cette Table.

### II.

**Nexo soluto forti sanati** [2] **siremps** [3] **jus esto.**

Qu'on rétablisse dans leurs droits le débiteur qui avait été livré à son créancier, mais

———

[1] Inrogare, *est de aliquo certo homine rogare, ferre.*
[2] Pour connaître la valeur de chacun de ces quatre mots, voyez les explications à la fin de la Table.
[3] C'est-à-dire *similis res ipsa.*

qui s'est libéré, et le citoyen révolté qui est rentré dans le devoir.

Festus. ( Voyez les explications à la fin de cette Table. )

### III.

Si judex arbiter-ve jure datus ob rem dicendam pecuniam accepsit capital esto.

Si le juge ou l'arbitre nommé en justice reçoit de l'argent pour prix de sa décision, qu'il soit puni de mort.

Aulu-Gelle, liv. XX, chap 1 : « *Lex judicem arbitrumve jure datum qui ob rem dicendam pecuniam accepisse convictus est, capite punit.* C'est en discutant les Douze Tables qu'on cite ce texte ; ainsi, point de doute qu'il en ait fait partie.

### IV.

De capite civis nisi per maximum comitiatum ne ferunto.

Qu'il ne soit porté de jugement contre un citoyen romain que dans les grands comices.

Cicéron, *Traité des lois*, liv. III.
Voyez les explications à la fin de la Table.

## V.

Si quis in urbe cœtus nocturnos agitassit capital esto.

Si quelqu'un provoque, ou tient des assemblées nocturnes, qu'il soit puni de mort.

Ce texte est rapporté tout entier dans la harangue contre Catilina, faussement attribuée à Porcius Latro.

## VI.

Si qui perduellem concitassit civem-ve perduelli transduit[1] capital esto.

Si quelqu'un appelle l'ennemi dans son pays, ou s'il lui livre un citoyen, qu'il soit puni de mort.

Ce texte est cité tout entier par Marcianus, ff. liv. III, *Ad. leg. jul. majest.*

_______________

(1) Pour *tradiderit.*

# EXPLICATIONS

## SUR LA NEUVIÈME TABLE.

—

### LOI I.

Voyez ci-après, loi IV.

### LOI II.

I. Bonamy observe avec raison que cette loi est une des plus obscures des Douze Tables ; elle a exercé la plupart des commentateurs, et les difficultés qu'elle présente ont donné lieu à des versions contradictoires ; mais je crois qu'il est possible de les concilier. J. Godefroi pense que trois sortes de personnes faisaient l'objet de la loi ; Bonamy veut qu'il y en ait quatre, et Pothier n'en trouve que deux (1).

II. Convenons d'abord de la valeur des mots employés dans le texte.

On entendait par *nexus* le débiteur retenu par son créancier, conformément aux dispositions de la troisième Table, et *solutus* celui qui, s'étant libéré, avait

______

(1) M. Bouchaud n'applique cette loi qu'à une seule espèce de personnes.

recouvré son entière liberté. Ces deux interprétations n'ont donné lieu à aucune dissidence.

On interprète *fortis* par *bonus*, et c'est la même chose que Scaliger entend par *bonus Romanus*, ce qui voudrait dire chez nous *bon Français*, ou *citoyen fidèle*. Il n'y a point encore de difficultés là-dessus.

III. Reste le mot *sanates* : or, si j'en excepte Aulu-Gelle, qui l'a écrit une seule fois (1) sans nous mettre à portée de savoir ce qu'il signifie, je ne le vois employé que par Festus, et c'est dans un seul endroit, lequel nous offre en même tems le texte des décemvirs. Il me semble donc que le cercle est assez étroit pour que l'on ne puisse pas s'égarer, et que nous ne pouvons chercher des interprétations ailleurs que dans Festus.

Suivant ce grammairien, un ancien auteur a prétendu que *fortes* et *sanates* étaient les noms de deux peuples voisins de Rome ; deux autres ont dit que les *Sanates* étaient les habitans de Tibur et des environs, et un quatrième, que c'étaient des Romains envoyés en colonies dans le Latium, et auxquels Tarquin l'ancien avait donné le nom de *Sanates* ( *quasi sanati*, *id est*, *sanatæ mentis* ), parce que, contre son attente, il les avait fait rentrer dans le devoir et dans la fidélité envers la métropole.

Que résulte-t-il de ces trois sentimens ? C'est que,

______

(1) Liv. XVI, chap. 10.

selon toute apparence , le nom de *Sanates* sera devenu proverbe , et qu'on l'aura donné depuis , soit aux colonies rentrées dans le devoir après une révolte , soit aux étrangers qui , ayant trahi la cause des Romains après avoir obtenu le droit de cité , auraient néanmoins reconnu leurs torts , et se seraient soumis. Rien de plus juste alors et de plus intelligible que l'interprétation de Paul Diacre , à qui Bonamy reproche d'être le corrupteur plutôt que l'abréviateur de Festus ; ce que toutefois je ne lui contesterai pas dans plus d'une occasion. *Sanates dicti sunt qui suprà infràque Romam habitaverunt ; quod nomen his fuit , quia , cùm defecissent à Romanis , brevi post redierunt in amicitiam quasi sanatâ mente.*

IV. Voilà donc quatre sortes de personnes exprimées dans le texte ; mais toutes quatre sont-elles l'objet de la loi , ou bien y en entre-t-il une ou deux , seulement comme point de comparaison ?

Dans le premier cas , il faudra traduire ainsi : « Que » la loi soit égale pour le débiteur qui est dans les » liens , pour celui qui s'est libéré , pour le citoyen » fidèle et pour celui qui est rentré dans l'obéissance » , ce que veut Bonamy. Dans une autre hypothèse , il faudra dire : « Que le débiteur qui s'est acquitté soit « censé n'avoir jamais été dans les liens , et le révolté » qui s'est soumis n'avoir jamais été rebelle. » C'est le sens adopté par Pothier. Enfin , une troisième version , et c'est celle de J. Godefroy : « Que la loi soit

» la même pour le débiteur qui s'est libéré , pour le
» citoyen resté fidèle ; et pour celui qui s'est soumis
» après sa révolte. »

Le bon sens du lecteur aura déjà choisi , et ce n'est
ici qu'une vaine dispute sur une construction gramma-
ticale. Au fond , qu'a voulu le législateur ? que le
*sanate* ait autant de droits que le citoyen resté fidèle ,
et le débiteur libéré , autant que s'il n'eût jamais été
dans les liens , parce que sa détention momentanée
n'emportant point la perte absolue de sa liberté , son
créancier n'avait point acquis sur sa personne le domaine de propriété , comme sur un esclave proprement
dit.

V. Bonamy , dont j'admire la belle érudition et la
solidité de jugement , en a manqué une seule fois peut-
être, et c'est ici. Comment veut-il que les droits soient
les mêmes pour le débiteur qui est dans les liens , et
pour celui qui s'est libéré ? Le premier n'a plus l'exercice de ses droits politiques, que le second a recouvrés :
celui-ci peut paraître en justice, servir de témoin dans
les contrats , et tester, facultés dont se trouve privé
celui-là. Notre auteur dit , il est vrai, que les débiteurs
détenus pouvaient , au besoin, servir dans les légions,
et il indique le second livre de Tite Live , comme devant en offrir un exemple ; mais c'était dans un moment de sédition , et dans l'une de ces agitations qui
devaient amener la naissance du tribunat ; circonstance isolée dont il n'est pas permis d'argumenter.

· Enfin, Bonamy se prévaut de ce que le texte qu'il a sous les yeux est ainsi conçu : *Nexo soluto* QUE *forti sanati* QUE ; mais la conjonction ne se trouve pas dans d'autres exemplaires, et d'ailleurs je ne la crois pas suffisante pour appuyer son système.

VI. Au surplus, pour mettre le lecteur à portée de juger lui-même tout cet article, voici d'abord le passage de Festus, mutilé et tel qu'il nous est parvenu :

. . . . . . . ti appella . . . . . .
. . . . . . . Sulpicius . . . . . .
. . . . . . et Opiliu . . . . . .
. . . . . . dici inferio . . . . . .
. . . . . . ut Tiburtes . . . . . .
. . . . . . populo Tibur . . . . . .
. . . . . . Tiburti ide . . . . . .
. . . . . . riorisque loc . . . . . .
. . . . . . in XII nex . . . . . .
. . . . . . forti sanati . . . . . .
. . . . . . id est bonor . . . . . .
. . . . . . qui et inf . . . . . .
. . . . . . que sunt . . . . . .
. . . . . . eos latinos . . . . . .
. . . . . . egerit secundum . . . . . .
. . . . . . fra Romam in c . . . . . .
. . . . . . eos que sanati . . . . . .
. . . . . . præter opinio . . . . . .
. . . . . . set sanavissetq . . . . . .
. . . . . . cisci potuisset no . . . . .

. . . . . Cincius libro. ii. d . . . . .

. . . . . sulti. ne Valerius . . . . .

. . . . . . in xii. explanati . . . . .

. . . . men in eo libro, quem . . .

. . . . . volute inscribi forc . . . . .

. . . . . duas gentis finitima . . . . .

. . . . . . gem hanc inscrip . . . . .

. . . . . . n uti dius man . . . . .

. . . . . . P. R. haberent . . . . .

. . . . . . ctos, et sana . . . . .

. . . . . . nificare exis . . . . . .

. . . . . . tumulti sunt . . . . .

. . . . . . cuit displi . . . . . . .

. . . . . . sanct forcti . . . . . .

. . . . . . anati insani . . . . . .

Le voici maintenant tel qu'on l'a restitué :

*Sanates , quasi sana*-ti appella-*ti , id est sanatæ men-*
*'tis.* Sulpicius *autem Rufus , Sanates* et Opilius *Aurelius*
*existimant* dici inferio-*ris loci gentes.* Ut Tiburte-*s , et*
*alias, qui cum* populo Tibur-*te, habitarunt in agro* Tiburti.
Id *est peregrinos, infe*-riorisq. loc-*i gentes. Itaque scrip-*
*tum est* in xii. Nex-*o , solutoque ,* forti, sanati-*q.,*
*idem jus esto , id est* bonor-*um , quod et peregrino,* qui
et infe-*riorum coloniarum* quæ sunt *deductæ in Pris*-cos
Latinos , *quas Priscus rex in*-egerit secundum *mare ,*
*suprà et in*-frà Romam , in c-*ivitates Latinorum ,* eosque
sanat-*is , propterea quod* præter opinio-*nem eos para-*
*vis*-set , sanavisse-*tq. et cum eis pa*-cisci potuisset ,

no-*minavit, ut ait* Cincius, l. II, de *Officio juriscon-*
sulti. Ne Valerius *quidem Messala* in xii explanatio-*ne*
*id omisit. Qui ta-*men in eo libro qu-*em de dictis in-*
volute inscribit. For-*tis et sanatis* duas gentes finitimas
*esse ait, de quibus le-*gem hanc scrip-*tam esse, qua*
*cautu-*m, ut id jus man-*ifesto, quod populu-*s R. haberent. *Neq. alios, quàm for-*ctos, et sana-*tes eam*
*legem sig-*nificare exis-*timat, hoc intellec-*tu. Multi
sunt, *quib. quod alias pla-*cuit, displi-*ceat postea :*
*ideòque ai-*t sanct forcti, *significare s-*anati insani.

On peut voir maintenant s'il faut, comme l'a fait
M. Bouchaud, supprimer, dans le texte de la loi,
*nexo soluto.*

LOIS I ET IV.

Je dois présenter ensemble ces deux lois, pour résoudre les difficultés auxquelles elles ont donné lieu ;
mais, avant que de les examiner, il faut se rappeler
quelques détails historiques.

I. Avant le règne de Servius, le peuple romain s'as-
semblait par curies, et il y en avait trente. Dans ces
assemblées, les suffrages se comptaient par tête ; ce
qui donnait à la populace une influence dangereuse
dans les affaires publiques. Servius, pour remédier à
ce grave inconvénient, divisa tout le peuple romain en
six classes, en raison du revenu de chacun, et chaque
classe en un certain nombre de centuries ; en voici le
tableau d'après Tite Live :

1<sup>re</sup> classe , 100,000 *as* ou plus de revenu.   80 centuries.

2<sup>e</sup> . . . . .   75,000. . . . . . . . . . . . . .  20

3<sup>e</sup> . . . . .   50,000. . . . . . . . . . . . . .  20

4<sup>e</sup> . . . . .   25,000. . . . . . . . . . . . . .  20

5<sup>e</sup> . . . . .   12,000. . . . . . . . . . . . . .  30

6<sup>e</sup> . . . . .   au dessous de 12,000 *as*. . .   1

TOTAL. . . . . . . . . . 171 centuries,

dans lesquelles je ne compte pas les quatre centuries d'ouvriers établies pour le service de l'armée.

Servius ordonna ensuite qu'à l'avenir le peuple romain s'assemblerait par centuries pour décider de la paix et de la guerre, porter les lois et juger les crimes publics , et que ces assemblées auraient lieu au Champ-de-Mars ; elles furent appelées les *grands comices* , et l'on y recueillait les voix par centurie, et non par tête ; de sorte que les deux premières classes, qui formaient la majorité du nombre total des centuries , et qui étaient composées des plus riches citoyens, avaient obtenu à leur tour toute la prépondérance dans les affaires publiques.

On ne confia plus aux assemblées par curies ou par tribus , que l'élection de quelques prêtres et de quelques magistrats subalternes.

II. Les rois, et après eux les consuls, rendant la justice , condamnaient les criminels d'état , et prononçaient la peine de mort. Valerius Publicola fit porter une loi qui accordait aux condamnés la faculté d'appeler devant le peuple , et défendit de mettre

le jugement à exécution avant qu'il n'eût été statué
sur l'appel, Des historiens font honneur de cette loi à
Servius , d'autres à Tullus Hostilius. Quoi qu'il en
soit , les criminels d'état avaient deux degrés de ju-
ridiction avant la création des tribuns ; mais ces magistrats séditieux , voulant perdre plus sûrement Coriolan , le citèrent directement devant le peuple qu'ils
firent assembler par curies ou par tribus , et dans lesquelles , par conséquent , les suffrages furent recueillis
par tête ; moyen qui leur réussit, et qui depuis fut pra-
tiqué souvent : témoin la condamnation de Menenius ,
celle de Romilius , celle du jeune Céson , fils de Cincinnatus , et de tant d'autres.

III. Les décemvirs , éclairés par ces querelles anté-
rieures et par les leçons de l'expérience, crurent donc
devoir ordonner qu'à l'avenir on ne prononcerait la
peine de mort , ou celle de l'exil (1) , contre aucun
citoyen romain, que dans les grands comices , c'est-à-
dire dans l'assemblée où les voix se recueillaient par
centuries ; et c'est surtout sur cette loi , la quatrième
de la neuvième Table , que Cicéron se répand en éloges , d'autant plus que lui-même avait subi l'humilia-
tion de se voir traduire devant les assemblées par tribus , où la plus vile populace , *servi et latrones* , l'avaient
condamné à l'exil.

---

(1) C'est ce qu'on doit entendre par ces mots *de capite civis*,
qui se trouvent dans le texte de la quatrième loi.

IV. Maintenant voici le passage de ce même auteur, où se trouvent les deux lois qui nous occupent. Dans son *Traité des Lois*, liv. III, il vient déjà de proposer quelques règles qui appartiennent au droit public, et il ajoute : « Voici maintenant de belles lois, puisées » dans les Douze Tables, dont l'une interdit les » priviléges, et l'autre défend de statuer sur la vie ou » sur l'état d'un citoyen romain autrement que dans » les grands comices. »

Le mot *privilegia* s'entend de toutes dispositions législatives qui concernent un particulier, qu'elles lui soient favorables ou contraires. Bonamy, adoptant le sentiment de plusieurs interprètes, rend ainsi la première de ces deux lois : « On ne fera point de loi parti- » culière pour un citoyen, si ce n'est dans l'assemblée » du peuple convoqué par centuries. » Ce qui ajoute au premier texte ces mots *nisi maximo comitiatu*, que je n'ai mis que dans le second, à l'exemple de Cujas et de Jacques Godefroy, et ce qui ferait croire que le droit public des Romains admettait des priviléges en faveur des particuliers, pourvu qu'ils fussent ordonnés dans les grands comices. Ce qu'il y a de singulier, c'est que Bonamy cite, en preuve de son système, le passage même de Cicéron qui semble le condamner ; le voici :

*Tum leges præclarissimæ de XII Tabulis translatæ duæ, quarum altera* PRIVILEGIA *tollit ; altera* DE CAPITE CIVIS, ROGARE NISI MAXIMO COMITIATU VETAT. Il me semble qu'ici les deux verbes employés jugent la question, *tollit* et *vetat*; que la phrase incidente ne se rapporte qu'à la seconde disposition; qu'autrement l'auteur n'eût mis qu'un verbe et l'eût placé après cette phrase incidente. Viennent ensuite les éloges que Cicéron donne à la seconde loi.

*Nondum inventis seditiosis tribunis plebis ne cogitatis quidem admirandum; tantum majores in posterum providisse.* On a vu, par ce que j'ai dit des établissemens de Servius, que cette loi est antérieure à la création des tribuns, et que les décemvirs n'ont fait que la remettre en vigueur. L'auteur revient sur la première disposition.

*In privatos homines leges ferri noluerunt* (majores), *id est, enim privilegium, quo quid est injustius.* Il s'exprime bien ici d'une manière absolue, et n'apporte point le tempérament, *nisi maximo comitiatu*, qu'on ne va retrouver de nouveau qu'après la seconde loi.

*Cùm legis hæc vis sit, scitum esse et jussum in omnes ferri de singulis,* NISI CENTURIATIS COMITIIS, *noluerunt.* Enfin il donne la raison de ce tempérament. *Descriptus enim populus censu, ordinibus, ætatibus, plus adhibet ad suffragium consilii, quàm fusè in tribus convocatus.*

Il me semble qu'il n'y a pas deux manières d'entendre tout ce texte, et qu'il n'est question des grands comices que lorsqu'il s'agit de prononcer des peines contre un citoyen accusé devant le peuple.

V. En effet, le peuple romain, dans les assemblées, faisait des règlemens d'administration publique, et prononçait sur les accusations qui avaient pour objet un crime contre l'état. Dans le premier cas, il faisait des lois ; dans le second, il portait des jugemens. Le peuple romain, juge, pouvait et devait prononcer sur le sort d'un particulier, mais seulement dans les grands comices ; mais le peuple romain, législateur, même dans cette assemblée solennelle, ne devait voir que la réunion générale des citoyens, et ne pouvait rien statuer sur une personne privée, ce qui eût été introduire un privilége.

Ainsi, les criminels d'état devaient être jugés dans les grands comices ; mais la loi défendait d'établir des priviléges en faveur d'un particulier, même dans ces sortes d'assemblées ; et ce qui aura trompé à la lecture du texte de Cicéron, c'est que toute décision du peuple s'appelait *loi* dès qu'elle avait reçu l'approbation du sénat, même quand c'était un jugement de condamnation.

Enfin ce qui doit lever tous les doutes, c'est que Cicéron, dans un autre endroit, plaçant ces deux lois parmi celles qu'il propose, les rédige ainsi : *Privilegia ne irroganto : de capite civis, nisi per maximum comitiatum.* Cette ponctuation a été adoptée par tous les modernes, et d'ailleurs, en la supprimant, on voit encore tout le sens de la phrase.

J'ai dû insister sur ce point, afin qu'on n'ait pas de fausses notions sur cette base du droit public des Romains qui présente quelques rapports avec le nôtre.

# TABLE DIXIÈME.

## DU DROIT SACRÉ.

## I.

### De Jurejurando. . . .

Voyez les explications à la fin de la Table.

## II.

### Hominem mortuum in urbe ne sepelito ne-ve urito.

N'ensevelissez ni ne brûlez aucun mort dans la ville.

Cicéron, *Traité des Lois*, liv. II : « N'ensevelissez
» ni ne brûlez dans la ville aucun mort, dit la loi des
» Douze Tables. Quand il n'y aurait que le feu à
» craindre, ce serait une raison suffisante pour faire
» cette défense. Ce qu'ajoute la loi, *ni ne brûlez*,
» marque assez clairement que ce n'était pas ceux
» qu'on brûlait qui étaient ensevelis, mais bien ceux
» qu'on inhumait. »

( Tous les textes qui suivent ont été pris dans le même ouvrage de Cicéron, liv. II, et il dit positivement que ces lois faisaient partie des Douze Tables. )

## III.

Sumptus et luctum a deorum manium jure removeto.

Hoc plus ne facito.

Bannissez des obsèques la profusion et les lamentations excessives, et n'y faites rien au delà de ce que la loi ordonne.

## IV.

Rogum ascia ne polito.

Ne façonnez pas le bois qui doit servir aux bûchers.

## V.

Tribus riciniis et vinculis purpuræ et decem tibicinibus foris efferre jus esto.

N'employez point dans un convoi plus de trois habits, de trois bandelettes de pourpre et de dix joueurs de flûte.

## VI.

Mulieres genas ne radunto ne-ve lessum funeris ergo habento.

Que les femmes ne se déchirent point le visage, et qu'elles ne poussent point de cris immodérés.

## VII.

Homini mortuo ossa ne legito quo post funus fiat extra quam si belli endo-ve hostico mortuus sit.

Ne séparez point les os d'un corps pour les transporter ailleurs, à moins qu'il ne soit mort à la guerre ou en pays étranger.

## VIII.

Servilis unctura omnisque circumpotatio auferitor.

Qu'on n'embaume point le corps des esclaves, et qu'on ne fasse point de banquet à leurs funérailles.

## IX.

Murrata potio mortuo ne inditor.

Q'on ne répande point de liqueurs précieuses sur le bûcher.

## X.

Ne longæ coronæ ne-ve acerræ præferuntor.

Q'on ne se serve point de couronnes, et qu'on ne brûle point de parfums.

## XI.

Qui coronan parit[1] ipse pecunia-ve[2] ejus virtutis ergo arguitor et ipsi mortuo parentibusque ejus dum intus positus escit foris-ve effertur se fraude[3] imposita siet.

Si le défunt a mérité une couronne, soit par sa propre valeur, soit par ses chevaux et ses esclaves, dans les jeux publics, que pen-

----

(1) Pour *peperit*. (2) C'est-à-dire *ejus servi aut equi*.
(3) C'est-à-dire *licitè*.

dant qu'il sera exposé, et lors de son convoi,
il soit permis de lui faire porter une couronne,
ainsi qu'à ses parens.

## XII.

Uni plura funera ne facito ne-ve plures
lectos sternito.

Q'on ne célèbre point plusieurs funérailles,
et qu'on ne dresse point plusieurs lits pour le
même mort.

## XIII.

Ne-ve aurum addito.

Que l'or ne soit point enfoui.

## XIV.

Ast quoi auro dentes vincti escunt im
cum illo sepelire urere-ve se fraude esto.

Cependant si les dents d'un défunt étaient
attachées avec de l'or, qu'il soit permis de
l'ensevelir ou de le brûler ainsi.

## XV.

Rogum bustum-ve novum propius

sexaginta pedes ædes alienas si dominus nolet ne adjicito.

Qu'on ne puisse dresser un bûcher ni creuser un nouveau sépulcre à moins de soixante pieds d'une maison, sans la permission du propriétaire.

## XVI:

Fori busti-ve æterna auctoritas esto.

Que le vestibule d'un sépulcre, et le lieu où l'on aura coutume de dresser un bûcher, ne puissent être enlevés par la prescription.

# EXPLICATIONS
## SUR LA DIXIÈME TABLE.

### LOI I.

*De Jurejurando.* . . . . . . .

Cicéron , *Traité des Devoirs* , liv. III, chap. 31 , dit : « Nos pères ont voulu qu'il n'y eût pas de liens » plus étroits ni plus sacrés que la foi des sermens. » J. Godefroi, d'après ce passage, s'est contenté d'indiquer , comme je l'ai fait , la place que devait occuper cette loi , n'osant pas proposer un texte en l'absence de toute espèce de preuves ; mais Terrasson, plus hardi , nous fait une loi tout entière. Il nous dit : « Je crois être le premier qui aie restitué cette loi , » et il l'arrange ainsi : *Ad astringendam fidem arctum sanctum inviolatum que vinculum jusjurandum esto ;* ce qui ne fait point une loi , mais seulement un principe de morale. Au surplus, d'autres, avant Terrasson, avaient fait la même entreprise. Il a même emprunté de leurs expressions pour forger son texte ; mais il n'a pas été plus heureux, et il faut regarder cette loi comme apocryphe.

### LOI II.

Il existait une exception en faveur des vestales ; elles avaient leur tombeau dans la ville.

### LOI V.

J'ai ajouté *vinculis purpuræ*, parce que je l'ai trouvé dans le texte de Cicéron.

### LOI VIII.

Turnebe entend cette loi des personnes libres qu'on faisait embaumer par des esclaves. J'ai suivi l'interprétation la plus généralement adoptée, et qui me paraît aussi la plus probable.

### LOI IX.

Le sens de cette loi est dans Cicéron, et le texte dans Festus, au mot *Murrata*.

### LOI XI.

Le sens de cette loi est dans Cicéron, et le texte entier se trouve dans Pline, l. 21, c. 3.

### LOIS XIII ET XIV.

C'est par erreur sans doute que, de ces deux lois, on n'en a fait qu'une. Cicéron dit positivement : *Quâ in lege cum esset, ne ve aurum addito, quàm humanè* EXCIPIT ALTERA LEX *quoi auro dentes juncti essent, ast im cum illo sepelire,* etc.

### LOI XVI.

J'ai mis *enlevé* et non *acquis* par la prescription,

pour faire mieux ressortir le véritable sens de la loi.
On a vu ailleurs que deux ans suffisaient pour acquérir
un immeuble par cette voie; de manière que celui-là
qui, pendant cet intervalle, n'aurait pas eu besoin de
l'endroit dont il s'agit, en aurait perdu la propriété
par la possession d'un autre ; et c'est ce que la loi
défend ici.

Sur la foi de Fulvius-Ursinus, Terrasson ajoute
deux lois à cette Table ; les voici :

I. « Il pourra y avoir un héraut qui annonce la
» mort du défunt, et qui indique le jour des funérail-
» les; et en cas qu'on célèbre des jeux funèbres,
» le maître des cérémonies pourra prendre avec lui
» un substitut et des licteurs. »

II. « Lorsqu'il sera mort quelque citoyen recom-
» mandable dans la république, qu'on chante publi-
» quement ses louanges dans ses funérailles, et qu'on
» y mêle des vers lugubres avec des accompagnemens
» de flûtes. »

Et il cite en preuve de ces deux textes un passage de
Cicéron, qui dit, au contraire, qu'ils n'étaient point
dans les Douze Tables.

Cet orateur philosophe, après avoir, dans le second
livre de son *Traité des Lois*, rapporté toutes les dispositions du droit décemviral sur les funérailles,
ajoute : « Nous trouvons ces choses dans les Douze
» Tables, en cela très-conformes à la nature, qui est
» la règle de la loi. *Le surplus est de l'usage, comme*

» d'annoncer les funérailles, s'il s'y fait des jeux, ou si
» le maître de la cérémonie se sert de hérauts et de lic-
» teurs, ou si l'on fait en public l'éloge des hommes il-
» lustres, ou si ces éloges se chantent avec des accompa-
» gnemens de flûtes. »

Terrasson, qui avait le texte de Cicéron sous les
yeux, dit après en avoir cité une partie : « Il paraît
» bien, par ce passage, que la loi que nous rapportons
» était dans les Douze Tables ; mais elle y était plutôt
» comme une permission et une tolérance que comme
» une loi, suivant ces termes : *Reliqua sunt in more.* »

Pour entendre le commentaire de Terrasson, il faudrait un second commentaire. Cicéron distingue d'une
manière bien précise ce qui est écrit dans les Douze
Tables, de ce qui n'a été introduit et maintenu que
par l'usage. *Hæc habemus in duodecim*, dit-il, *reliqua
sunt in more ; funus ut indicatur, si quid ludorum*, etc.

Voici comment un interprète de Cicéron détaille
toutes ces cérémonies, que l'usage seul avait introduites ; on verra combien elles contrastent avec la sim-
plicité recommandée par les décemvirs : le huitième
jour venu, le héraut ou le crieur notifiait au peuple
qu'il eût à s'assembler pour célébrer les obsèques d'un
tel, fils d'un tel. Les parens, amis, voisins et autres,
étant venus, on dressait un lit, que l'on couvrait de
pourpre ou de quelque linceul magnifique ; on y
étendait le corps du défunt ; et après les dernières pro-
clamations, le convoi marchait, précédé du joueur de
flûte ou *siticine*, qui chantait des *airs phrygiens*, tandis

que duraient les lamentations qui contenaient le récit des bonnes qualités et des belles actions du mort. Les corps des personnes de distinction étaient conduits au bûcher avec bien plus de pompe; car outre les lits, qui étaient en grand nombre, on portait encore assez souvent sur des chariots leur représentation en cire, celles de leurs ancêtres, les marques de leurs dignités. Les lits sur lesquels ils étaient couchés étaient quelquefois portés par des prétoriens, des consulaires, etc. Les ambassadeurs de Macédoine portèrent celui de Paul-Emile; celui de Sylla fut porté par les vestales. Une longue suite d'esclaves et d'affranchis précédait; les enfans suivaient; les garçons, tête couverte, les filles, tête nue; les parens, les amis, tous en noir, hors les filles; des femmes payées pour cela faisaient leur devoir de bien pleurer, et donnaient le ton aux autres : on arrivait en cet ordre dans la place publique où le mort demeurait exposé; tandis que son fils, un des plus proches, ou quelque autre, montait sur la tribune aux harangues, et faisait l'éloge du défunt.

# TABLE ONZIÈME.

## I.

Quod postremum populus jussit id jus ratum esto.

Que ce qui est ordonné en dernier lieu par le peuple, l'emporte sur les lois anté‑rieures.

Tite Live, liv. VII : « Il s'éleva une dispute entre
» l'inter‑roi et les tribuns qui s'opposaient à l'élec‑
» tion que le peuple avait faite de deux consuls patri‑
» ciens ( *au mépris de la loi Licinia qui voulait qu'il*
» *en fût pris un dans chaque ordre* ). Fabius leur ré‑
» pondait qu'il était ordonné dans les Douze Tables
» *ut quodcumque populus jussisset, id jus ratum que*
» *esset;* et il ajouta que les suffrages du peuple équi‑
» valaient à une loi. »

## II.

Patribus cum plebe connubii jus nec esto.

La loi n'admet point les mariages entre les familles patriciennes et les plébéiennes.

Denys d'Halicarnasse, liv. X : « Appius et ses » collègues dressèrent deux Tables de nouvelles lois, » qu'ils ajoutèrent aux dix premières. Dans ces deux » dernières Tables, il y avait une loi qui défendait » aux patriciens de s'allier, par des mariages, avec les » familles plébéiennes. »

Des modernes ont pensé que cette loi était de l'invention des décemvirs. Ne serait-ce pas une erreur ? Avant l'institution du tribunat, les plébéiens se plaignaient déjà de cette prohibition.

# EXPLICATIONS.

I. On présente cette Table comme servant de supplément aux cinq premières, et l'on pense que la douzième était un supplément aux autres. Je n'en trouve nulle part la preuve bien établie, et je vois au contraire que les deux dispositions qui viennent d'être rapportées appartiennent au droit public, et par conséquent à la neuvième Table. J'ai donc cru devoir ne point donner de titre ni à celle-ci ni à la suivante.

II. Terrasson ajoute encore ici une loi, et ce n'est peut-être pas sans fondement. Guidé par d'autres écrivains, il la prend dans Aulu-Gelle, dont voici le passage; c'est la fin du douzième chapitre du premier livre : « C'est pourquoi il est écrit dans les commen-
» taires que Labéon a composés sur les Douze Tables :
» *Virgo vestalis neque hæres est cuiquam intestato :*
» *neque intestatæ quisquam ; sed bona ejus in publicum*
» *redigi aiunt.* »

Ainsi, suivant cette loi, il n'était point permis à une vestale de succéder à ses parens morts *ab intestat*, et personne ne lui succédait quand elle n'avait pas disposé par testament. Ses biens appartenaient au trésor public; du moins c'est ce que j'entends par ces mots, *in publicum*. Terrasson les interprète autrement, et veut que, dans ce cas, les autres vestales lui succèdent ; système qui me paraît visiblement contraire au texte.

Au surplus, pour ne point admettre celui-ci dans les Douze Tables, on pourrait peut-être se prévaloir de ce que dit Aulu-Gelle, que cette disposition appartient au droit des pontifes, et je ne crois pas que ce droit soit entré dans le code des décemvirs. Labéon, écrivant sur les Douze Tables, a pu trouver l'occasion de citer une loi qui leur était étrangère. Je suis d'autant plus arrêté par ces considérations, que J. Godefroi ne l'a point adoptée, non plus que Pothier, qui cependant a écrit depuis Terrasson, et nous a donné, d'après Hottman et Théodore Marcille, des lois que J. Godefroi a négligées.

# TABLE DOUZIÈME.

## I.

Si qui rem de qua stlis siet in sacrum dedicassit duplione decidito.

Si quelqu'un a consacré aux dieux une chose en litige, qu'il soit condamné à payer le double.

Gaïus, dans son sixième livre sur les Douze Tables (voyez ff. l. 3, *De litigiosis*), dit : « Nous défendons » de consacrer aux dieux une chose en litige, et nous » condamnons celui qui l'a fait à payer le double. » Mais il ne dit pas que les décemvirs l'aient ainsi ordonné.

## II.

Si vindiciam falsam tulit rei sive stlitis prætor arbitros treis dato eorum arbitrii fructi duplione decidito.

Si l'on argue de mauvaise foi une possession, que le préteur nomme trois arbitres ; et si la mauvaise foi est prouvée, que le possesseur soit condamné à rendre le double des fruits.

Ce texte est dans Festus au mot *Vindiciæ*.

### III.

**Si servus domino sciente furtum faxit noxiam-ve noxit noxæ dedito.**

Si un esclave, son maître le sachant, a commis un vol ou causé quelque dommage, qu'il soit donné à titre d'indemnité.

Ulpien, liv. XVIII, sur l'*Edit* ( voyez ff. 1. 2. parag. 1, *De noxalibus actionibus*) : « Celsus établit » cette différence entre la loi *Aquilia* et celle des ». Douze Tables, que, suivant la loi ancienne, si un » esclave, son maître le sachant, a commis un vol ou » un autre délit, l'action noxale a lieu sous le nom » de l'esclave, sans que le maître en soit tenu en son » propre nom; et par la loi *Aquilia*, c'est le maître » qui est passible, et non l'esclave. »

La conséquence de ce principe était que le maître se voyait forcé de livrer l'esclave contre qui l'action pouvait avoir lieu, à moins qu'il ne préférât de payer le dommage.

**FIN DE LA SECONDE ET DERNIÈRE PARTIE.**